网球运动体能训练探究

林建健 著

九州出版社
JIUZHOUPRESS

图书在版编目（CIP）数据

网球运动体能训练探究 / 林建健著. -- 北京 ：九
州出版社，2023.7
　　ISBN 978-7-5225-2048-3

　　Ⅰ．①网… Ⅱ．①林… Ⅲ．①网球运动－体能－身体
训练－研究 Ⅳ．①G845.02

　　中国国家版本馆CIP数据核字(2023)第148522号

网球运动体能训练探究

作　　者	林建健　著	
责任编辑	石增银	
出版发行	九州出版社	
地　　址	北京市西城区阜外大街甲 35 号（100037）	
发行电话	(010)68992190/3/5/6	
网　　址	www.jiuzhoupress.com	
印　　刷	永清县晔盛亚胶印有限公司	
开　　本	880 毫米×1230 毫米　32 开	
印　　张	6.875	
字　　数	150 千字	
版　　次	2023 年 11 月第 1 版	
印　　次	2023 年 11 月第 1 次印刷	
书　　号	ISBN 978-7-5225-2048-3	
定　　价	58.00 元	

目　录

绪　论

第一节　体能概述

近年来，随着人们运动水平的日益提高和各种体育项目比赛对抗强度的不断增加，体能已经成为影响竞技能力的重要因素。从某种程度上讲，体能已成为优秀运动员进一步改进技术、提高运动成绩的关键。

一、体能的由来

体能（Physical Fitness）一词最早源于美国。从广义上讲，它是指人体适应外界环境的能力。在英文文献中，常被用于表达身体对某种事物的适应能力。德国人将之称为工作能力；法国人称之为身体适性；日本人称之为体力；中国香港、台湾的学者将之翻译为"体适能"，并得到诸多国家和地区体育学术界的认可。

(一) 国外学者对体能的认识

1964 年东京奥运会期间国际运动科学大会成立了"国际体能测试标准化委员会",并制定了标准体能测试的六大内容:1. 身体资源调查,2. 运动经历调查,3. 医学调查与测试,4. 生理学测试,5. 体格与身体组织测试,6. 运动能力测试。

美国健康体育休闲舞蹈协会对适能的定义为:适能是指个人运作的能力,适能好的人具备下列条件:1. 配合遗传的适能健康以及应用现代医学知识的能力;2. 足够的协调、体力和活力以应付突发事件及日常生活;3. 团体意识和适应团体生活能力;4. 充分地认识和了解以决定面临的问题及其可行的解决办法;5. 参加全面的日常活动应有的态度、价值观和技巧;6. 有利于民主社会的精神和道德特质。适能包括五个部分:体适能(physical fitness)、情绪适能(emotional fitness)、社会适能(social fitness)、精神适能(spiritual fitness)、文化适能(cultural fitness)。

美国运动医学会(ACSM)认为体能是指体适能,其构成成分有:1. 心肺适能:心脏输送血液与氧气至全身的能力;2. 肌肉适能:肌肉的力量与耐力;3. 柔韧度:无痛且自如移动关节的能力;4. 身体组成:脂肪占身体重量的百分比。

美国体能协会(NSNA)则认为体能就是"Strength Training and Conditioning",主要从力量训练和其他身体素质训练的角度出发,分别提出了训练原则、训练方法、训练评价等方面的内容。

（二）国内学者对体能的认识

我国自 20 世纪 80 年代以来，开始逐渐关注运动员的体能训练，也由此出现了"身体素质""体力""体质"等名词，直到 90 年代末，这一领域的轮廓才最终明晰。以下是不同时期不同专家提出的关于"体能"概念的不同看法。

徐本力、柳佰力等（1999）认为"体能是运动员为提高运动技、战术水平和创造优异成绩所必需的各种身体运动能力的综合，包括运动员的身体形态、身体机能、身体健康和运动素质"。董国珍教授（1986）认为"运动员体能是由其身体形态、身体机能及运动素质的发展状态所决定的。其中，运动素质是体能的外在表现，所以在运动训练中多以发展各种运动素质为身体训练的基本内容"。王兴等（1999）认为"体能即体力与专项运动能力的统称"。

《体育词典》（1984）认为，体能是人体各器官系统机能在体育活动中表现出来的能力；它是由力量、速度、灵敏、耐力和柔韧性等基本的身体素质和人体的走、跑、跳、投掷、攀爬、悬垂和支撑等基本活动能力两部分组成。

《教练员训练指南》（1992）认为，运动素质又称体能，它是指运动员机体在运动时所表现出来的能力。体能包括力量、速度、耐力、柔韧和灵敏。

体育院校通用教材《运动训练学》（2000）认为，体能是指运动员机体的基本运动能力，是运动员竞技能力的重要构成部分。在广义上，体能包括形态、机能、素质三方面；而在狭义上，运

动员的体能水平常指运动员的素质水平。将体能视为运动员先天
具有的遗传素质与后天经训练形成的运动员在专项运动中所表现
出来的机体持续运动的能力。

体育院校函授教材《运动训练学》（2002）认为，体能（身
体竞技能力）是运动员竞技能力总体结构中的最重要结构之一，
它是指运动员为提高运动技战术水平和创造优异运动成绩所必需
的各种身体运动能力的综合，包括运动员的身体形态、身体机能、
身体健康和运动素质。

台湾学者林正常（2001）认为"人的体能可以分成三大类，
与健康有关的健康体能、与基本运动能力相关的一般运动体能，
以及与运动项目有关的专项技术体能"。就健康体能来说，主要
是指个人能胜任日常工作，有余力享受休闲娱乐生活，又可应付
突发紧急情况的身体能力，其具体要素包括肌力、肌耐力、柔韧
度、心肺耐力以及体脂肪百分比五项。就运动体能来说，除了包
括健康体能的五项要素之外，还包括敏捷、协调、平衡、速度、
反应及爆发等要素，因为与基本运动能力表现的关系较为密切，
所以可将之归类于运动体能。专项技术体能则是指参与每一运动
项目的选手都具有其特殊的运动体能，如篮球选手的专项技术体
能就包括：运球的速度、传球的能力、投篮的准确性（含定点投
篮与移动投篮）、运球上篮的速度等。由于专项体能受运动项目
的影响比较大（如排球选手的专项技术体能绝对不会测量篮球的
运球、传球或投篮），因此，评量一个人的体能，通常由健康体
能与运动体能两部分来评量。

《体育与健康课程标准》（2022）中则将体能描述为"体能指人体各器官系统的机能在身体活动中表现出来的能力。体能包括与健康有关的体能和与运动技能有关的体能。前者包括心肺耐力、柔韧性、肌肉力量、肌肉耐力、身体成分等，后者包括从事运动所需要的速度、力量、灵敏性、协调性、平衡、反应等。其中一些体能成分既是与健康相关的体能，又是提高运动技能所需要的体能"。

李之文教授（2001）将体能定义为"经身体训练获得的人体各器官系统的技能在肌肉活动中表现出来的能力，它包括身体形态的适应性变化和力量、速度、灵敏、耐力和柔韧等素质"。他整合了前人有关"体能"的各种论述，指出了体能与技能是相互紧密联系的平行概念。

二、体能的系统结构

结构是系统的具体构成形式，是内部各要素的排列组合方式，是系统性质和数量的集中表现，是各系统要素之间相互作用规律。只有依靠结构，才能把孤立的诸多要素组成一个系统，也只有依靠合理的结构，才能组成一个优化的系统。体能作为一个系统，其结构是指构成运动员体能的各个要素之间的一种固定和必然的联系，也就是指体能系统中各个部分的空间和时间相互作用的规律性，以及各种力量相互作用和能量相互转化的规律。体能的结构分为内部结构和外部结构。

（一）体能的内部结构

体能的内部结构反映了体能系统内部各因素间的相互关系，是指体能系统内各要素之间的相对稳定的联系方式、组织秩序及其时空关系的内在表现形式。体能内部结构取决于体能系统中的要素和由这些要素联系形成的关系及其表现形式的综合，并由这样的综合导致了体能系统的一种整体性规定。体能内部结构由身体形态、生理机能和运动素质三个子系统构成，并受健康因素的影响。

在体能内部结构中，形态是机能的物质基础，机能是素质的生理基础，素质是体能的外在表现，是体能结构中最具代表性的和最具活跃性的指标，是人体形态结构与运动机能在神经系统的支配下的一种综合表现。在体能内部结构系统中，三要素各有其特有的功能，同时各要素又相互联系、相互依存、相互制约，共同服务于系统的整体功能。其整体性功能可以理解为：运动素质表现是多元的，在体育运动实践中很少有某项运动只要求一种素质参与。人们很难区分并分别实施纯粹意义上的某一种素质的训练。在发展某一运动素质的同时，也会对其他运动素质产生影响。体能系统的整体性质不可能完全以系统要素的性质来解释。要素一旦形成系统，部分一旦组合成整体，就具有了要素和部分所不具有的功能。其内部结构的优化整合将导致整体功能的放大。

1. 身体形态

身体形态是指身体内外部的形态，包括长度、宽度、围度、充实度等外部形态特征，以及心脏的纵横径、肌肉的横截面等内部形态特征。身体形态为运动员提供的力学条件，与身体机能一起构成体能的基础结构，身体形态是身体机能、运动素质等体能要素的基础，采用科学的方法塑造适合项目特点的身体形态无疑会为创造优异专项成绩打好基础。

研究表明：中长跑运动员的脂肪含量男子 7.5%，女子 12%—14%；游泳运动员的脂肪含量男子 8%—18%，女子 14%—26%；男女短跑选手腓肠肌的快慢肌的比例分别为 76:24 和 73:27；男女长跑选手腓肠肌的快慢肌的比例分别为 21:79 和 31:69。

2. 身体机能

身体机能是指各器官系统的功能，一方面，身体机能对运动素质起基础作用，某种运动素质的高低，往往由多器官系统的机能水平决定，如心肺机能相对于耐力素质、快肌纤维相对于快速力量；另一方面，身体机能也受到运动素质的影响。由于机体各器官系统的发育状况决定了相应器官系统的机能，身体机能绝大多数指标主要由遗传决定，如最大心率和最大摄氧量的遗传度分别为 85.9% 和 93.4%。但对于高水平运动员而言，身体机能的微小差距，在某种程度上就对体能产生决定性的影响，这也提示了科学训练对于体能的重要性。运动员身体机能系统主要包括：心血管系统、免疫系统、神经系统、骨骼系统与组织以及能量代谢系统等六大系统与组织。

3. 运动素质

运动素质是体能组成的核心部分，是身体技能的外在表现。

它包括力量、速度、耐力、灵敏、柔韧、平衡、协调等。目前在许多运动项目中，往往把单一的运动素质作为体能，如耐力或力量，而没有整体地、系统地研究该运动项目的专项体能。因此，对运动员的体能训练主要局限于所谓的"专项运动素质"，甚至是单一运动素质这一层面的理解上。

在运动实践中，竞技表现则依赖于协调能力对各因素的整合。例如，在刘翔的跨栏动作中所涉及的因素主要有动作技术、速度能力、快速力量、速度耐力、节奏能力、战术能力、柔韧性、无氧耐力、有氧耐力、平衡能力和感知能力等；再如，跆拳道项目体能测试的主要内容有：快速力量（纵跳、立定单腿两级跳远、实心球前后抛、侧向连续跨跳10次、杠铃高翻）、最大力量（负重蹲起、卧推、提拉杠铃）、核心力量（俯卧推拉球、20次两头起）、平衡力量（平衡盘单腿蹲起10次、举铃下蹲）、有氧能力（12米跑、蜂鸣音往返测试）、基础速度（30米跑、50米跑或60米跑）、灵敏协调（起动变向跑、绳梯跑、左右过障碍跳）、柔韧素质（纵叉、横叉）等。

4. 健康水平

随着运动竞技水平的不断提高，训练负荷与比赛强度的不断增大，运动员的急慢性损伤也随之上升。

运动损伤的发生与各运动项目的专项特点密切相关。一方面，专项技术的特点要求和专项训练的过度负荷是导致运动员发生慢性运动损伤的外在因素；另一方面，由于受伤部位的解剖结构薄弱（如腰、髋、膝、踝及肩关节等）是导致运动损伤发生的内在因素；再者，运动损伤的发生还与运动员的心理应激水平的降低有关。研究表明：（1）柔道项目的伤病发生率为70.67%，以急性转慢性损伤为主，占47.33%，损伤易发生部位依次为膝关节、腰部、肩关节、踝关节和肘关节等；（2）冰球项目男性伤病发生率为88.5%，女性为65.5%，易伤部位是腰部、膝关节、腕关节和踝关节等；（3）自由滑雪项目伤病发生率为58.82%，患病率居前7位的是腰背肌损伤、骶髂关节炎、脑震荡、膝关节胫侧副韧带损伤、腰椎间盘突出症、膝关节半月板损伤和伸膝装置慢性劳损等，并以躯干部最多（51.28%），其次是下肢（35.9%）；（4）排球项目的伤病发生多以膝关节最为常见，其次是腰部、肩部和踝关节；（5）足球运动的伤病发生占所有运动损伤发生的50%～60%，并以肌肉、肌腱和骨关节损伤为主，约占损伤的2/3，其中下肢损伤占76%，上肢占17%；（6）篮球运动员损伤发病率为36.4%，常见损伤部位是膝关节，其次是踝关节和腰部；（7）我国举重项目伤病发生率为78.49%，其中男性为74.36%，女性为90%，易伤部位依次是膝关节、腰部、腕部、肩关节、肘关节和髋关节等；（8）田径运动员损伤多发生在腰部、踝关节、膝关节、肩关节和肘关节等。

（二）体能的外部结构

体能的外部结构是指体能系统外部（即运动员竞技能力结构中的其他各要素）各个要素之间的相对稳定的联系方式、组织秩序及其时空关系的表现形式，是体能整体与外部因素间相互关系的中介，具体包括技战术能力、心理能力和运动智能等。

（三）体能系统结构与外部环境因素的关系

系统科学理论认为，系统是指集合了若干相互依存、相互制约的要素，具有特定的功能，同时这个系统本身又是更大系统的组成部分。体能作为一个系统除具有自身完整的内外部结构，同样还要受其外部诸多因素的影响，如训练理论、竞赛制度、先天遗传、恢复方法、场地器材、外部环境及其他等因素。

第二节　体能与技能的关系

体能、技能和战术能力是运动员竞技能力中最重要的三个子能力，三者之间相互联系、相互制约、相互影响。技战术水平在比赛中发挥得如何，受到许多因素的影响，其中体能因素是最重要的影响因素之一。反之，技战术发挥得好与坏也会影响到体能水平的发挥。在这里之所以要探讨体能与技战术发挥的关系，是源于以下两个方面的原因：一是我国在体能的研究与实战方面与国外尚有差距；二是体能在现今的竞技体育中的地位正在发生改变。

一、体能与技能的一元辩证观

所谓技能，是指运动员掌握和运用各种专项技术的能力，是按照各专项技术要求完成动作的能力。当所掌握的运动技术成了动力定型，达到娴熟自如的境地时，常称为"运动技巧"。技巧是技能的高级状态，在这种状态下，呈现出以下特点：1. 动作连贯、流畅；2. 运动员有意识支配肌肉活动的成分逐渐减少，不需要练习者时刻对动作细节全神贯注地进行控制，并能把注意力转移到完成动作的整体效果上去；3. 形成完成动作的特殊感觉，如各种器械感、水感、球感、空间感、时间感等，练习者在练习中凭借这些感觉去调节和控制动作；4. 动作的稳定性高，即使在心理状态不佳、体力下降、外界环境干扰的情况下，也能保持动作的合理性和有效性；5. 动作的外在表现轻松、自然、优美、富有魅力。

（一）不同项目的技能所需的体能本质不同

不同项目的技能所需要的体能本质是不同的。它们使用相同的描述语言，反映的是物理单位的同一性而不是体能实体本质的同一性。如同一斤铜和一斤铁，反映的是重量上的而不是实体本质的同一性。在体育运动中，运动员转体720º和冲刺30米，虽然都可以用秒来计算时间，都是讲速度，其计量单位也相同，但其体能的本质显然是完全不同的。我们不能因为体能实体本质的不同而否定其计量单位的相同，也不能因为计量单位的相同而认为完成这两个运动技能所需的速度（体能）就是一回事。在训练实践中，我们完全可以用相同的术语和计量单位来描述评价不同本质的体能，但同时必须清楚地理解不同体能的本质。

（二）体能与技能是内容与形式的一体两面关系

体能与技能是内容与形式的关系，它们对立统一在具体的专项动作行为过程之中，是一个事物的两个面。技能是体能的运动形式即项目运动的动作模式，体能是技能的运动内容，各自都不能脱离对方而单独存在。

体能在训练学中可用"千克（力量）、米/秒（速度）、分秒（持续时间）"等物理单位进行比较和计算，可以用"力量、速度、耐力、快速力量"等用语来进行描述；而技能通常是用生疏与熟练，协调与不协调，灵活、快速和多变等进行描述和评价。在技能的高级状态，还可以用连贯、流畅、稳定、轻松、自然、优美等来描述。

（三）没有抽象的技能，也没有抽象的体能

"物质运动取决于一定的形式"，任何运动形式的内部，都包含了其自身特殊的矛盾，这种特殊的矛盾，就构成一个事物区别与其他事物的特殊本质。

普遍性存在于特殊性之中，体能与技能均存在于具体的专项运动过程之中。在运动实践中，既没有抽象的运动技能形式的具体存在，也没有抽象的体能的具体存在。动作技术规定着体能发展的方向，具体的体能水平又规定着动作技术的现实状况。动作技术规定着体能发展的方向，具体的体能水平又规定着动作技术的现实状况。体能与技能，是统一的人体有序状态环节的不同侧面：技能反映的是有机体的程序化的具体的动作过程；体能反映的是有机体的程序化的具体的代谢状态。技能训练必须建立在具体的体能基础之上，这个体能基础由生命运动准备着，并由运动训练促使其发展。体能训练必须进行在具体的技能形式中，具体

的专项动作模式下练习专项运动所需要的力量和能量等。大量的研究表明，不同技能所需的体能形式不同，因此它们之间不能很好的转移。

二、技术是基础、体能是关键的理性观

在当前的运动训练和比赛中，"体能成为制胜的关键"具体表现如下：

（一）没有体能作前提保证，技战术就没有展示平台

姚明曾说，他每次回到国家队，队友首先不是说他技术怎样了，而是说："瞧，你胳膊又粗了一圈。"姚明说，尽管他坚持经常练跑、练跳、练力量、练身体，而且体能也长进了不少，"但同 NBA 球员相比，我仍有差距，仍然吃亏"。他认为，过去中国一些教练员总是强调"用脑子打球"，而忽视身体训练，这种观念是不对的。他说："篮球是一项对抗剧烈的运动，而体能是基础。体能差，影响技术，这毫无疑问。比如，当你七拐八拐好不容易得到一个投篮机会，可是你的体力早就不支了，那你怎么投篮？还怎么保证你的命中率？反过来，如果体能出色，即使技术稍差，往往也不要紧，也能被好的体能所弥补，打出好球来。"

研究显示：我国国家男子排球运动员最大摄氧量平均值为 43.2ml/kg/min（SD=5.25ml/kg/min，SD 为标准差，下同），比 2000 年国家女篮队队员和 1996 年国家女篮队队员的最大摄氧量平均值都要低，这样的体能水平很难保证技战术正常发挥的，更

不要说与对手去对抗了。

通过国内外优秀足球运动员的 100 米跑成绩比较。国外运动员的成绩在 10.23 秒—11.20 秒之间，我国运动员的成绩在 11.20—11.70 秒之间，这种体能巨大差距其结果必然导致技战术发挥的低效率。试想一名进攻运动员在 10.23 秒的百米速度运球突破时，防守队员以 11.20s 的速度去追防，是不会防守成功的。

（二）当前体能问题的突出是事物发展过程客观规律的必然反映

从 20 世纪 80 年代开始至今，各项运动项目基本已形成了完整的训练理论与方法学体系，构建了有效的高水平运动员训练的组织系统，引进了基于人们现实认识水平的各种科技成果，运动成绩也处于突飞猛进的态势。至 80 年代中期，基本上所有动作技术较为单一的项目的世界纪录全被打破。迄今为止，这一成绩增长的趋势依然没有衰减，不仅几十年前人们预言的"人类极限"的成绩已不再是神话，而且现实已证实，人类身体可挖掘的潜力还有待于再认识。在新的发展阶段内，当人们尚未在各个领域取得新的认识与突破时，要获得更高水平的运动成绩，运动员自身的体能问题就突显出来了。

（三）技战术水平相近，运动员的体能成为取胜的关键

近年来，随着各项目技战术水平的飞速发展，比赛更加激烈。从各项运动项目的比赛中可以见到，单纯依靠技、战术优势赢得比赛胜利的状况已经过去，技、战术高人一等的运动员或者运动队不能赢得比赛的最后胜利，往往受制于体能的欠缺，尤其是在

水平极其接近的时候更是如此。2005 年的欧洲杯冠军决赛：英格兰的利物浦队在点球决战中力克欧洲老牌劲旅意大利的 AC 米兰队。专家们认为，利物浦是胜在体能和意志力上。从准备比赛活动开始到比赛结束，历时四个多小时。由于两个队知己知彼，从整个比赛过程来看，技战术水平难分胜负，利物浦甚至是略占下风，在上半场即 0：3 落后，但直到最后利物浦队没有放弃，凭借顽强的体能和坚强的意志力，在下半场扳平了比分，并在最后的点球大战中战胜对手，演绎了一场体能起决定性作用的经典大战。

（四）训练条件逐渐接近，体能差异相应突出

竞技运动在全世界范围内广泛地得到开展和响应，与世界各国的政治需要及经济发展有着密切的关系。奥运会成员国无疑地把奥运会作为展示本国竞技体育实力的舞台，为了本国的运动员能在奥运比赛中取得金牌，各国都动员可能达到的力量给予运动员的训练和比赛进行支持。在当前，没有国家的倡导和支持，庞大的运动员训练体系不可能正常运转，运动员不可能取得优秀的运动成绩，甚至连参加比赛的资格都拿不到。各国都为高水平运动员创造尽可能合适的现代化训练场馆、提供接近于正式比赛时的装备和器材、进行深入的科学研究工作、收集最新的有关消息，甚至为了适应比赛举办地的气候条件和比赛气氛，不惜花费巨额路费在全世界范围内选择训练场地。所有这些，使各国的高水平运动员的训练条件极其相似，因此，依靠体能的差异来区分成绩就显而易见了。

（五）主要运动项目的技术发展已基本定型，体能的作用则

显得更为重要

可以这样认为，百年来运动员、教练员科研工作者对各项运动项目动作技术的研究，已使这些动作技术达到了较为完善的地步。各项目比赛中，由各种动作技术所组成的战术体系也已基本完善。各类教材与专著的出版，以及当前各种媒体的及时报道与信息在网络上的传播，使得不同运动员在技战术层面上基本无秘密可言，因此，要想在运动比赛中取得胜利，体能就成为极为突出的因素。

三、体能是基础、技术是关键、战术是手段的传统观

（一）体能是技战术正常发挥的基础

1. 体能是基础

体能就像房屋的地基，体能训练就是在打地基，只有地基打好了，然后在上面加砖添瓦，进行技战术训练，那样盖起来的高楼大厦才能稳固。

2. 战术依存于技术，技术又是战术的基础，技术的全面性决定了战术的多样性

制定战术时必须考虑我方是否有超出对手的技术。据统计，一场高水平的足球比赛中运动员在场上活动的总距离为8706米—14274米，快速冲跑200次左右，同时还要完成大量爆发性动作，其中走步占26.3%，慢跑占44.6%，冲刺跑占18.9%。足球运动对三大功能系统都有不同程度的要求，它是以无氧代谢和有氧代

谢混合供能的运动项目。乳酸值的变化随比赛的规模和水平的不同而呈现出差异。因此可以说，体能是技战术正常发挥的基础，而体能训练也是顺利完成各项体育训练的基础。

（二）体能与战术的不可分割性

一次成功的战术配合是多方面协调作用的结果，体能是其中较为重要的一个部分。

1. 战术形成需要体能为基础，不同的战术需要的战术需要的体能也不同

一个队战术的形成除了教练员的指导思想外，还必须有适合的运动员，以及保证战术高质量实施的体能，这就是什么样的战术必须有什么样的体能，反过来说不同的体能赋予战术不同的功效。当前，排球比赛中的短平快进攻总的时间值越来越短，因而同样打短平快其时间差异也是越来越小（传扣时间 0.25s 左右），但很可能就是这小小的差异决定了进攻的成败。因此，高水平的二传手都在高点二传、跳起二传以及二传弧度上下功夫，副攻手与主攻手则在移动、助跑、起跳、挥臂、扣球等技术环节上挖掘速度潜能，以争取速度优势。可以说，速度是排球运动的灵魂，优秀的体能就给运动员提供了良好的速度素质。

2. 战术配合需要充沛的体能作保证

战术分为个人、局部和整体战术。任何战术都不能离开体能这一重要因素，尤其是整体战术配合，更要求每个队员都能及时到位。战术配合的局部与整体是相互影响，相互制约的。例如，防守阶段成绩在整个竞速结构中已是强势因素，而与专项力量耐

力水平对应的冲刺阶段成绩却是弱势环节。在足球比赛中，边后卫助攻至底线传中，形成边路进攻的局部优势，但由于同伴没能及时跟上、包抄，而丧失战机，这很可能是由于体能不够而出现的，因此，战术配合不但要有技术、意识作基础，同时足够的体能也是重要的前提。

（三）技、战术水平的发挥对体能训练水平具有反作用

1.技术差距导致比赛中体能不足

竞技比赛是技战术与体能紧密结合统一体，体能的发展和改善必须与技战术水平同步，只有技战术达到一定水平，运动员提高了的体能水平才能在赛场上得以体现，取得理想的比赛效果；仅仅坚持超负荷的体能训练，忽视体能训练与技战术的结合训练和同步提高都不会达到理想效果。在比赛中常常见到因运动员技战术水平不高，要么动作不协调、不到位，要么战术意识不强，频频失误。这种被动的局面必然导致多消耗本身有限的体能，最终导致体能水平得不到淋漓尽致的发挥，有一种能力得不到发挥的感觉。

2.合理有效的技、战术能更有效地发挥运动员体能训练水平

中国皮划艇队女子四人皮艇在2004年雅典奥运会的决赛中划出了全年最差的运动成绩1'38"144（第7名），与2003年世锦赛成绩1'32"500（第5名）相比有着明显的差距。但其个人的整体体能和专项运动成绩，均较上年有了很大程度的提高。分析得出：四人配艇的技术不好（没能形成有效的合力）和竞速结构设计不合理（不符合能量代谢的原理）等成为制约体能发挥的最主

要因素。

综上所述，传统观念认为：良好的体能水平是有效地掌握、提高和发挥运动技术、战术的基础，而只有正确合理地运用运动技术、战术，才能更有效地发挥身体训练水平，使得已获得的体能训练水平能在赛场上充分表现出来，而且越是在竞技水平较低、层次相差较大的竞赛中或是在技术的学习掌握阶段以及一些新开展的项目中，"体能是基础，技战术是关键"体现得越明显。然而，通过对不同项目体能特征仔细研究，发现在高水平的竞技比赛中，特别是在以体能为主导的大多数项目中和技能类的对抗性项目中，由于高手间技术的差别太小，体能的因素可以被看成取胜的关键。在这些项目中，完全可以用"技术是基础，体能是关键"的观念，来诠释体能的重要地位。

（四）体能与技术的不可分割性

"体能是基础，技术是关键"，说明技术与体能两大方面的训练不可分割。在提高技术训练质量的同时，要发展体能训练，使发展的体能真正属于该项目的体能；而在强调体能训练的同时，要尽可能多地融入技术之中，使技术更具有活力与实践性。

技术与体能训练的辩证关系，决定了技术与体能训练的不可分割，指导我们在技术训练中发展体能，在体能训练中巩固技术，两者的有机结合是推动运动项目发展的必由之路。

第三节 体能训练概述

一、体能训练与专项体能训练

体能训练，顾名思义，就是旨在发展运动员体能的训练，也就是运用科学的运动负荷刺激等手段，促使运动员的身体形态和机能产生适应性变化，以提高机体适应运动需要能力的训练。尽管在不同的运动项目中，体能对运动员竞技能力贡献的大小不同，但这并不能影响体能训练的基础地位。在现代运动训练的几项内容中，体能训练是顺利完成其他各项训练的基础，没有良好的体能，技能训练、战术训练等必将流于形式；没有高效的体能训练，运动员竞技能力的提高就难以保证。

在体能训练中，常常以发展运动员身体素质的练习为主要训练内容。通过发展与运动员专项运动成绩密切相关的力量、速度、耐力、柔韧、灵敏等运动素质，达到深刻影响和促进运动员身体形态、生理机能和意志品质的目的。

体能训练包括一般体能训练和专项体能训练，一般体能训练是指为增进运动员的身体健康，提高各器官系统机能，全面发展运动素质，改善身体形态，采用多种非专项的体能训练方法掌握非专项的运动技术、技能和知识，为专项成绩提高打好基础的训练。专项体能训练是指采用直接提高专项素质的练习以及与专项有紧密关系的专门性体能练习，最大限度的发展对专项成绩有直接关系的专项运动素质，以保证掌握的专项的技术和战术在比赛中顺利有效的运用，从而创造优异的运动成绩。

体能训练与专项的统一性。运动员的体能训练是为了在专项运动中能够更好的发挥，体能训练不能脱离专项而独立进行，只有与运动项目相结合才能起作用。一方面，是根据运动项目的特点，运动技术的特点进行体能训练；另一方面，专项训练中同时进行体能训练，把技术训练与体能训练结合起来做到体能训练中有技术训练，技术训练中有体能训练。

二、体能训练的构成要素

体能训练是运动员竞技能力训练的重要组成部分，是指为提高运动员的身体运动能力，结合专项需要并通过合理负荷的动作练习，改善身体形态，提高身体机能，发展运动素质，对其身体结构和功能进行有目的改造，从而促进竞技水平提高的训练过程。它是运动员获取优胜的有效途径。

体能训练是运动训练的重要组成部分，一般包括力量训练、速度训练、耐力训练、灵敏素质训练及平衡柔韧训练等，是针对专项比赛和专项训练的需求，通过合理负荷的动作练习，改善运动员的身体形态，提高身体机能和健康水平，发展运动素质，促进专项竞技水平提高的训练过程。

如表 ×-3-1 所示，笔者从运动员的身体形态、身体机能和运动素质等三个方面展开了相关指标的选择，身体形态主要包括长度、高度、围度和充实度等，运动素质则是从力量、速度、耐力、灵敏、协调等方面选取，而身体机能主要有有氧耐力和无氧耐力，以及生化监控指标等方面的指标，如睾酮、皮质醇、血红蛋白和尿素氮等。

表 ×-3-1 体能训练的基本构成要素

第一级要素	第二级要素	第三级要素
身体形态	高度子系统	身高、坐高、足弓高等
	长度子系统	腿长、臂长、手长等
	围度子系统	胸围、臂围、臀围等
	宽度子系统	肩宽、髋宽等
	充实度子系统	体重、皮质厚度等
身体机能	运动机能	骨骼、关节、肌肉等
	神经机能	传入神经、传出神经、神经突出等
	呼吸机能	肺通气、气体交换、气体运输等
	消化机能	物质消化吸收、能量代谢
	循环机能	体循环、肺循环、微循环
	内分泌机能	内分泌腺、激素、激素调节
	感觉机能	位觉、本体感觉、视觉、听觉
	泌尿机能	肾小球过滤、肾小管和集合管的重吸收等
	生殖机能	

续表

第一级要素	第二级要素	第三级要素
	力量子系统	最大力量、快速力量、力量耐力
	速度子系统	反应速度、动作速度、位移速度
运动素质	耐力子系统	有氧耐力、无氧耐力
	柔韧子系统	关节、肌肉韧带伸展性等
	灵敏子系统	反应时、神经协调功能等

三、体能训练的意义

随着竞技运动水平的不断提高和比赛激烈程度的日益增加，体能训练的作用越来越受到重视，甚至被提到前所未有的高度。体能训练与技战术训练、心智能训练等都作为运动员训练的重要部分。

（一）有利于预防伤病、延长运动寿命

随着运动竞技水平的高度发展，一方面是极限的运动负荷刺激于运动员的身心，另一方面又由于教练员对伤病防护措施知识的缺乏，致使训练和比赛中的伤病发生率居高不下。据资料显示，在 2004 年 1 月—8 月，对 30 支备战雅典奥运会的 650 名中国国家队队员的调查结果显示：650 名运动员中患病人数为 268 人，患病率达到 41%，从调查结果来看，不同运动员的身体的不同部位均存在着不同程度的运动损伤。为此，现代体能训练的一个重要功能就是预防运动损伤，帮助运动员延长运动寿命。通过针对性的体能训练，不仅能够有效地提高运动员的竞技水平和运动成

绩，更为重要的是，能够有效地预防运动伤病的发生，延长运动员的运动寿命。

（二）有利于掌握先进的技术动作和提高运动成绩

运动员技术动作的完成和运动成绩的提高是以竞技能力的发展为前提的，而体能是竞技能力的重要组成部分，体能训练也就成为一项重要的训练内容。

体能训练的关键在于根据不同运动项目的特点筛选出有效的运动素质指标进行测试和诊断，设计出有针对性的方法和手段对运动员进行训练，往往有效的测试手段，也是常态化的训练方法。如跆拳道队员的起动速度训练，虽然采用的是立定跳远这一测试指标，但立定跳远是在没有预摆情况下对运动员起动力量而进行的测试，这会更加贴近跆拳道实战中踢腿和出拳的突发技术动作的要求。总之，体能训练已成为运动技术和运动成绩取得突破的关键，是运动技术和运动成绩提高的最有力保障。

（三）有利于承受大负荷量训练和高强度比赛

据统计，一场高水平足球比赛中运动员在场上活动的总距离为 8706 米—14274 米，快速冲跑 200 次左右，同时还要完成大量爆发性动作。能量的直接来源是三磷酸腺苷（ATP），肌肉活动能量的最终来源是物质（糖、脂肪）的有氧氧化。ATP 的再合成分别由三种不同的能源途径供给，首先起动的是磷酸原供能系统（ATP–CP），其次起动的是乳酸原供能系统和有氧氧化供能系统。在一场足球比赛中运动员的运动方式存在多种变化，就必然要求对人体三大供能系统都有不同程度的发展，但以无氧代谢和有氧代谢混合供能为主。因此，现代高水平运动训练要求运动员既要承受大负荷量，同时又要具备较高强度的比赛能力。

第四节　网球项目体能结构

网球运动是一项动作精细、技战术复杂多变、对抗激烈，对体能和心智能力均要求较高的运动项目。进入 21 世纪以后，网球运动的发展更加普及，水平提高更快，赛场竞争更加激烈，网球运动已经向着体能速度型的方向发展。

一、网球项目的体能特征

网球运动是一种连续的短时间的爆发性动作组成的比赛项目，每次击球后有短暂的休息时间，交换场地时有较长的休息时间。它要求运动员具有高速的无氧爆发力以及对打时的次极限强度的间歇用力。

网球比赛中一个球来回的时间约 1—3 秒，每一分球所用的时间一般为 6—10 秒，分与分和局与局之间间歇时间 20 秒，交换场地时的间歇时间 90 秒，一场三盘二胜制的比赛通常耗时 2—3 小时。

网球运动员的身体要求具备很强的有氧和无氧专项能力，以及骨骼肌系统完整的动力链。此项运动几乎需要所有的运动素质，包括力量、速度、耐力、柔韧性、灵活性和协调性以及特有的神经调控能力等。

现代竞技网球运动的发展对运动员的体能提出了更高的要求。网球运动职业化进程不断加快，女子竞技水平也在不断提高，竞争难度日益加大，网球运动越来越向着力量、速度、耐力对抗的方向发展，体能对比赛胜负的影响日益增大。力量成为当今女子网坛重要的制胜因素，同时也被视为中国女子网球国家队训练指导思想中的基础，这是符合当今职业女子网坛潮流的。当今职业女子网球运动比十年前速度快很多、男子化的程度更高，因此对场上运动员表现的要求不同，训练上也要有所不同，来适应当今女子网球的快速发展。过去耗时较长的比赛需要运动员具有良好的有氧代谢能力，而现在的女子网球比赛时间缩短了，但强度增大了，速度更快、力量更强，这就要求运动员的体能训练不但要注重有氧代谢能力，也要注重无氧代谢能力。同时在训练中注重发展运动员的爆发力对于实战具有相当重要的作用。

二、网球项目的体能构成要素

网球项目体能训练主要从力量、能量及其相关运动素质层面进行分析归纳。根据网球项目的力量、能量及其相关运动素质的项目特征，将体能构成要素分为：核心要素（快速力量和协调灵敏）；重要要素（无氧能力、核心力量和力量耐力）；辅助要素（功能性能力、柔韧、平衡、养护性力量和有氧能力）。

（一）力量要素

力量素质是网球运动员专项对抗能力、专项速度、专项技术掌握与完善的基础和保障。力量训练可以保证运动器官工作的实效性，即动作效果的速度性和有效性，力量训练是运动员技术、战术和体能训练的基础，因此力量训练和体能训练一样要有系统性、计划性和连续性。高水平运动员的体能是指专项力量体系及其相关运动素质的综合，可见力量在体能当中的重要地位。

网球运动员的力量要素包括快速力量、核心力量、快速力量耐力以及基础耐力。

快速力量是指神经肌肉系统在一定的时间段内产生最大冲动的能力，也可指运动员在特定的负荷条件下所表现出来的最大动作速度，它取决于肌肉的收缩速度和最大力量。

网球运动是典型的快速力量项目，击球的一瞬间，需要有良好的快速力量，每一步的起动和制动需要有良好的快速力量，发球需要良好的反应力量，它们都是快速力量的具体表现形式。

（二）能量要素

网球运动是一项以无氧供能为主，有氧供能贯穿始终的运动项目，良好的有氧供能能力有助于在运动间隙时的能量恢复和再合成，但这种有氧能力的心率仍然保持在较高的水平，我们也称之为"高强度的有氧能力"。

在网球运动中，既需要瞬间的爆发力（ATP 供能占 20%）和较短时间对抗能力（糖酵解供能 70%），又需要长时间持续运动（有氧供能 10%）的能力。在比赛处于活球期（从发球开始至回合结束）的这段时间里，人体能量代谢方式以无氧代谢系统供能为主；在短时间的回合里以无氧磷酸原供能为主，当对抗激烈、回合较多时（超过 10 秒的回合），无氧酵解系统也参与供能；运动间歇期间主要是有氧代谢供能。因此，网球比赛中必须依靠人体三种能源系统的结合提供能量。因此，网球属混合代谢供能为主的项目，在比赛过程中，主要是以磷酸原代谢为主，当双方势均力敌时，糖酵解供能系统较多的参与供能，运动间歇主要是有氧代谢供能。运动中，机体必须依靠高强度的有氧供能能力来加速机体恢复，清除乳酸，以便继续完成下次的快速爆发性运动。如果有氧代谢能力较差，将无法及时恢复，也就无法保持高水平的运动表现，即快速反应、快速移动和击球，越是到比赛最后阶段这种情况也就越明显。也就是说，在一场比赛中，谁具有较好的体能好能较好地利用较短时间恢复体能，谁就能赢得比赛。

（三）速度、灵敏素质

速度是网球运动员的灵魂，也是其体能水平最直接的反映，对网球运动员来说，发展速度，旨在发展中枢神经对机体的控制，不单是加速、起动能力，还要强化减速、急停能力，这样才能达到运动员在场上快速移动，灵活反应的效果。所以要着重发展运动员在场上向各个方向快速小步移动及变相能力、合理的步伐变化及灵活的结合步长和频率的能力。网球运动员的速度包含以下三个方面：1.反应速度；2.肌肉的收缩速度（加速能力）；3.身体移动的频率。

灵敏性是指人体在各种条件下能协调地完成复杂动作的能

力。它是由力量、反应能力、移动速度、爆发力和协调性等多种要素结合而成的，网球运动员应表现在迅速变换动作和变换方向的能力方面。灵敏性练习是发展人体在各种复杂条件下，快速、协调、准确、灵活地完成动作的练习。

第一章 体检和测试

提高网球运动员体能的第一步，是先明确"他的位置"，然后才能确定"他前进的方向和目标"。在运动员的准备阶段，第一步要做的是在进行一系列身体素质测试的同时进行肌肉骨骼和医学方面的体检工作。

第一节 体检

医学体检就是用来试估一般健康状况和损伤危险因素的全面的医学检查。肌肉骨骼系统体检包括姿势、柔韧性、力量和稳定性等的检查。

一、体检的目的

体检可以发现有潜在损伤危险因素的部位，从而为预防损伤提供帮助，同时帮助我们发现那些阻碍运动表现的因素。我们可以采用一些预防性方法来降低损伤的发生率。完成体检后，体检结果将及时反馈给运动员、教练和体能训练师，帮助他们采取正确的方法来预防损伤和最大限度地发掘运动员的潜力。这样，体检就可以使体能训练师制订出的训练计划最大限度地满足运动员的需要。

二、体检的执行者

建议由运动医学工作者来做一般体检工作，而由运动理疗师来检查肌肉骨骼系统。然后将体检结果、分析报告和建议提供给教练和体能训练师。

三、体检的内容

（一）肌肉骨骼检查

肌肉骨骼系统检查内容主要包括：姿势，柔韧性，力量，稳定性。检查的部位见表 1-1-1。

表 1-1-1 肌肉骨骼系统检查的部位

	上肢	躯干	下肢
检查部位	肩带	躯干	臀部与大腿
	肘部与前臂	脊柱	膝部与小腿
	腕部与手	骨盆带	踝部与足

运动员在肌肉骨骼体检中常遇到一些问题，现将问题总结如下表 1-1-2。

表 1-1-2 肌肉骨骼体检中常见问题汇总表

部位	常见问题
肩带	肩胛骨不稳 肩关节部分活动范围丢失（一般是肩上抬和内旋受限） 肩部肌力不平衡（常见模式是肩内旋力量大于外旋力量） 颈、胸椎活动范围下降或功能紊乱
骨盆带和腰椎	骨盆（躯体中心）不稳 躯干控制肌力量薄弱 骨盆周围姿势控制肌力量薄弱 骨盆不稳 腹部的控制力薄弱 骨盆内肌紧张 腰椎活动范围下降或功能紊乱 骨盆带姿势改变（骨盆前倾或后倾） 骨盆偏移
大腿膝部	常与骨盆稳定性差有关 髌骨功能紊乱： 髂胫束紧张　　　　　　　腿部韧带问题 股内侧肌力量薄弱　　　　　足部韧带问题 股内侧肌收缩失调　　　　　股直肌紧张 臀中肌力量薄弱与收缩失调　　髂腰肌紧张
肘/腕	腕关节伸屈动作僵硬 关节柔韧性下降（腕、肘及尺桡关节） 腕关节伸屈肌肉耐力下降
踝部和足	韧带松弛导致踝关节不稳 主要肌群力量下降—特别是小腿腓侧肌群 腓肠肌僵硬

（二）医学检查

医生对耳朵、鼻子、喉咙、皮肤进行初步检查；对肺活量、关节活动度进行测试；同时配合仪器对胸部、腹部进行影像学检查，还包括神经学方面的检查。

（三）问卷调查

运动员将需要填写以下一系列问卷，以提供一些测试所不能获得的信息：

1. 一般健康状况问卷

2. 营养问卷

3. 家族疾病史问卷

4. 女性问卷

5. 伤病史

第二节　测试

一、测试的目的

进行体能测试的目的就是对运动员的专项身体素质进行测试。网球专项体能测试结果可以帮助教练更加确信地修订训练计划，更加全面有效地调整运动员的身体状况。

二、测试的意义

（一）体能测试的结果可以帮助教练员对运动员进行客观的试估。试估的结果将显示出运动员的强项与弱点，而有助于调整训练方案和方法来满足不同个体的特殊要求。

（二）参考有规律的体能测试结果，教练员可以很好地控制运动员的训练进程，并且可以及时修改训练计划。

（三）常规的体能测试和一些特殊的测试结果可以给运动员提供训练的内在或者外在的动力，即使不考虑动机问题，这些测试结果也可以为运动员确定训练方向和具体细节化的训练计划提帮助。

（四）测试可以帮我们确定运动员的体能水平与优秀运动表现的体能需求间的差距，从而预示运动员的发展潜力。

三、测试方案的制定

体能测试可靠性的验证过程是很严谨的，并且必须按照特殊的步骤完成。对于一名体能教练来说，如果想要获得最有效、最可靠的测试结果以很好的监控运动员的体能情况，就必须每次坚持使用相同的测试方案。

在测试方案的制定中需要考虑以下几方面因素：

（一）可靠性

一般来说，可靠性指的是测试的准确性，它决定测试结果的有效性是否可以接受。它要求体能教练能很好地完成测试过程，不让其他外在因素影响到测试结果。这就要求每次测试必须在相同的条件下，安相同的进程来完成，不能完全做到一致的话也要尽最大可能地复制测试过程。比如说，每次在相同的测试指导说明下进行测试，进行相同的热身活动和使用相同的测试设备，这样才能最大可能的减少测试误差以保证测试结果的准确可靠。

（二）有效性

测试方案能获得预定测试目标的程度就是测试的有效性。比如说，测试过程中的运动时间、强度和运动方式必须准确、可靠。测试发现一场网球比赛中的实际特点和代谢规律对于有效的网球专项体能测试是非常重要的。

如果想要建立网球运动员体能测试结果的国家性数据库，并进行运动员间的对比，那么测试的有效性非常关键。

四、测试场地

无论什么项目的优秀运动员，体能测试一般包括实验室测试和场地测试两类，体能测试的内容更多地侧重于场地测试。

（一）实验室测试和场地测试的特点

对于体能教练来说，场地测试和实验室测试各有优缺点，如表 1-2-1 所示。实验室测试主要测试各种生理指标，一般需要昂贵而精巧的设备，而且多需要在实验室环境下完成测试。而场地测试则在运动场完成，测试结果主要帮助教练了解到运动员的一些专项身体素质。

表 1-2-1 实验室测试和场地测试的优缺点对比

	优点	缺点
实验室测试	测试准确性高	费用高
		专项针对性差
		测试的操作与结果的理解有难度
场地测试	费用低	测试准确性难以保障
	专项针对性好	
	测试的操作与结果的理解容易	

五、测试结果的分析

进行一个运动员个人测试结果的前后纵向对比或者运动员测试结果相互间的横向对比——将测试结果和同年龄运动员的平均值或标准对比，是我们理解测试结果的重要手段。这种对比可以给运动员和教练员提供很好的内隐训练动机和外在奖励。

六、测试的控制

为确保测试的安全性和准确性，实验室测试最好请有经验的运动生理学专家来完成。而且这些专家可以帮助教练更好的分析理解一些实验室测试结果，如最大摄氧量、肌红蛋白、激素水平和血乳酸等。场地测试只需和相应的标准对比，相对容易被教练员所理解和直接使用。

七、测试的经费

多数运动协会和教练员都不会拥有这些实验室测试所需的设备，而一些大学则拥有这些设备，但是测试费用会比较昂贵。也正因为如此，人们设计了了很多场地测试，它们只需要简单的设备却可以同时测试很多运动员。

提示：一些需要传统设备必须在实验室完成的测试现在也可以在场地进行（如使用便携式仪器测试运动员的血乳酸仪和氧消耗）。使用电子门计时器等完成场地测试，使得网球专项场地测试更加准确可靠。所以，使用更容易保证质量和数量的场地测试来测试网球专项动作成为场地测试的特点。

八、功能活动测试

我们多数的测试获得的只是数值（如时间，距离，力量等），所以我们获得的信息是不完整的。功能活动测试的目的就是获得运动所必需的一些基本身体能力成分，包括动作的范围、平衡、身体控制能力与稳定性等（COOK，2001）。这种测试的好处可以用下面的例子加以说明。例如，两个网球运动员的 200 米冲刺成绩都很差，我们可能会认为他们跑速很慢都需要速度训练，但是功能活动测试可能会发现运动员 A 有很好的柔韧性，躯体稳定性和平衡能力，而运动员 B 的这些素质却很差。那么这两名运动员需要解决的问题就是不同的。对于运动员 A 速度练习将会有很好的效果，因为他拥有了速度所必需的基本素质，只是不会利用这些素质来获得速度。相反，运动员 B 则首先需要进行基本移动和躯体稳定性等基本功练习，然后逐渐过渡到增强式练习和速度练习，练习的重点是动作的质量（基础的功能活动）而不是数量（功能表现，速度等）。功能活动测试对于发掘运动员的潜力和预防伤病非常重要。现代的体能专家必须同时关注运动员的功能活动水平和运动表现。

下面的测试清单将会帮助教练了解运动员功能活动水平。

（一）下肢／骨盆活动性测试

表 1-2-2 深蹲测试表（COOK，2001）

深蹲测试	
目的	评价髋、膝、踝关节的双侧对称功能活动能力； 通过上举杠铃杆过顶，测试胸椎和双肩的双侧对称功能活动能力。
操作指南	首先运动员以双足间距稍宽于肩宽站立，同时双手以相同间距握杆； 然后双臂伸直向上举杆过顶，慢慢下蹲致深蹲位前尽力保持双足后跟着地； 保持面向前抬头挺胸，杆保持在头顶以上； 允许试三次，如果还是不能完成这个动作，在运动员的双足跟下各垫 5cm 厚的扳子再完成以上动作。

续表

深蹲测试		
评分	3分： 杆和运动员双足保持在一条垂直线上（或更后）； 上半身保持一条直线与胫骨平行或与地面垂直； 保持大腿下蹲超过90度； 膝关节保持和同足2或3趾方向一致。 2分： 杆和运动员双足保持在一条垂直线上（或更后）； 上半身保持一条直线与胫骨平行或与地面垂直； 保持大腿下蹲超过90度； 膝关节和同足2或3趾方向不一致。	1分： 上半身胫骨保持不平行，与地面也不垂直； 腰椎（腰部）明显成弓形； 保持大腿下蹲**不超过**90度； 膝关节和同足第2或3趾方向不一致。 0分： 测试过程中任何时候，运动员感觉身体某部位疼痛，得0分。而且需要医学专家尽快检查出现疼痛的原因。
意义	这一动作需要肩外展后伸，胸椎背伸，髋、膝关节屈及踝关节背屈等闭合链协调完成； 动作完成不理想有很多原因。例如上半身由于脊柱活动性下降而出现活动受限，下半身活动受限可以提示髋屈曲不够或踝关节背曲受限。	

表 1-2-3 单脚跳测试表（COOK，2001）

单腿跳（骨盆稳定性）测试	
目的	评价骨盆的稳定性，以及在动态功能活动中的控制能力。
操作指南	运动员单腿站立，双手叉腰放在髂前上棘上； 运动员双腿交替分别完成 6 次最大力的单腿跳； 在跳起和落地过程中，分别从前、后和两侧观察运动员骨盆（双手）稳定情况，大腿与膝关节，小腿和踝关节的动作及姿势。
评分	3 分： 保持正确的队列姿态（双肩、髋、膝及足）； 腰椎保持正确姿势； 骨盆在横向平面内（通过观察两侧的双手及臀部来判断）； 膝关节保持和同足 2 或 3 趾方向一致。 2 分： 保持正确的队列姿态（双肩、髋、膝及足）； 腰椎保持正确姿势； 骨盆在横向平面内（通过观察两侧的双手及臀部来判断）； 身体重心偏向一侧（出现脊柱侧弯）； 膝关节**不能**保持和同足 2 或 3 趾方向一致。 1 分： **不能**保持正确的队列姿态（双肩、髋、膝及足）； 腰椎姿势不正确； 身体重心偏向一侧（出现脊柱侧弯）； 骨盆**不**在横向平面内（偏向一侧）； 膝关节和同足 2 或 3 趾方向不一致。 0 分： 测试过程中任何时候，运动员感觉身体某部位疼痛，得 0 分。 而且需要医学专家尽快检查出现疼痛的原因。

续表

单腿跳（骨盆稳定性）测试	
意义	骨盆偏斜或髋部活动控制不佳说明运动员髋部和骨盆周围的起稳定性作用肌肉不能很好地发挥功能。这预示运动员有出现下肢和下背部过用性损伤的可能，运动员需要进行专门的有针对性的练习来纠正这种情况。否则，这种缺陷会影响腿部移动，发力，阻碍任何爆发性移动过程中下肢力量向上肢的传递。

（二）躯干稳定性／膝踝关节测试

表 1-2-4 直线弓步蹲测试表（COOK，2001）

直线弓步蹲测试	
目的	评价髋部的稳定性与活动能力，股四头肌的柔韧性以及膝、踝关节的稳定性。
操作指南	测试者首先测量运动员胫骨的长度； 运动员以右足踩在一块 0.3×1.2m 的测试板的近端，在身体后方以右手在头上，左手在身后握住一根长杆，保持杆紧贴头后、胸椎和骶骨； 从右足尖向前量取与胫骨相同的长度并标记，然后左足向前迈出一步足跟落在标记上，随后下蹲致后膝在前足跟后触板。始终保持双足在向前的直线上； 允许尝试 3 次来完成测试动作； 双侧上下肢交换，再次完成测试，取两次测试的低分记录。

续表

直线弓步蹲测试	
评分	3分： 躯体部分基本没有晃动； 保持双足踩在测试板上； 保持后膝在前足跟后触板。 2分： 躯体部分出现晃动； 不能保持双足踩在测试板上； 后膝不能在前足跟后触板。 1分： 失去平衡。 0分： 测试过程中任何时候，运动员感觉身体某部位疼痛，得0分。而且需要医学专家尽快检查出现疼痛的原因。
意义	完成直线弓步测试要求很好的髋、膝和踝关节的稳定性，以及屈髋能力；同样需要髋的跨步移动能力、踝背屈能力和腹直肌的柔韧性；由于测试中重心会压在单侧下肢上，运动员还必须具有很好的平衡能力。 动作完成不佳有很多原因。首先，可能是前或后下肢的髋关节活动性差；其次，可能由于后腿踝或膝关节缺乏稳定性或者本体感受控制能力不够；最后，一侧或双侧的伸髋屈髋肌肉力量的不平衡也可以导致测试动作完成不佳。

（三）肩带／肩关节活动性测试

表 1-2-5 向上摸背测试表（COOK，2001）

向上摸背测试	
目的	综合测试评价肩关节内旋、后伸及内收能力。
操作指南	运动员站立位，由下向上单手以手背贴后背部，以拇指引导沿脊柱尽力上摸，记录拇指达到的高度。另一手完成相同动作，并记录摸到的最高点。
评分	**3分：** 保持正确的队列姿态（双肩、髋、膝及足）； 三角肌放松，保持双肩水平； 肩胛骨紧贴躯干（没有摆动）； 肩关节和躯干保持在同一垂直平面上。 **2分：** 保持正确的队列姿态（双肩、髋、膝及足）； 三角肌放松，保持双肩水平； 或者肩胛骨出现摆动； 肩关节和躯干保持不在同一垂直平面上。 **1分：** 保持正确的队列姿态（双肩、髋、膝及足）； 三角肌紧张，不能保持双肩水平； 并且肩胛骨有摆动； 肩关节和躯干保持不在同一垂直平面上。 **0分：** 测试过程中任何时候，运动员感觉身体某部位疼痛，得0分。 而且需要医学专家尽快检查出现疼痛的原因。

续表

向上摸背测试	
意义	活动性下降提示肩关节内旋功能下降,这将会导致本区域的做功能力下降。肩不能充分内旋可能会导致运动员发球时是力量下降,并影响整个上肢动力链其他部分的功能。运动员将不得不通过其他一些途径来代偿这种肩内旋不足,包括:增加躯体侧屈,增加前臂活动与腰部屈曲。运动员出现相关部位损伤的可能性也会增加。

表 1-2-6 头后摸背测试表(COOK,2001)

头后摸背测试	
目的	通过模仿发球或过顶击球的动作的功能位姿势来测试评价肩关节外旋、前屈及外展等综合活动能力。
操作指南	运动员站立位,由上向下单手以手掌贴后背部,以拇指引导沿脊柱尽力下摸,记录拇指达到的最低位置。另一手完成相同动作,并记录摸到的最低点。
评分	3分: 保持正确的队列姿态(双肩、髋、膝及足); 三角肌放松,保持双肩水平; 肩胛骨紧贴躯干(没有摆动); 肩肘关节和躯干保持在同一垂直平面上。 2分: 保持正确的队列姿态(双肩、髋、膝及足); 三角肌放松,保持双肩水平; **或者**肩胛骨出现摆动; 肩关节和躯干保持不在同一垂直平面上(肘前移靠近耳朵,肩前移)。

续表

头后摸背测试	
评分	**1分：** 保持正确的队列姿态（双肩、髋、膝及足）； 三角肌紧张，不能保持双肩水平； 并且肩胛骨有摆动； 肩关节和躯干保持不在同一垂直平面上（肘前移靠近耳朵，肩前移）。 **0分：** 测试过程中任何时候，运动员感觉身体某部位疼痛，得0分。而且需要医学专家尽快检查出现疼痛的原因。
意义	活动性下降将使得运动员不能做出最佳的发球或过顶击球姿势，进而阻碍该区域机械力学功能的发挥。由于不能达到最佳姿势，使该区域肌肉收缩受到限制，可能导致发球或过顶击球时爆发力下降。同时它还使得运动员相关部位受伤的可能性增加； 肩部活动性测试可以了解运动员在有肩内旋和外旋的复合动作中的肩部活动性。上肢脊柱连接关节的活动不能孤立发生，它与颈椎、胸椎和肩胛骨的姿势、活动性和稳定性有关。所以测试动作完成不佳可以有多种原因； 在经常做过顶投掷运动的运动员身上，肩内旋能力的增加常常是以外旋能力下降为代价的。过度发展和缩短的胸小肌或背阔肌肉将会使得肩关节前侧或周围发生姿势改变。上肢脊柱连接关节不稳定；这些因素也会影响测试成绩。还可能出现肩胛骨和胸椎的姿势，活动性和稳定性改变，也会影响到测试表现； 如果运动员的测试成绩少于3分，一定要找到原因。如果成绩为2分，则需要考虑姿势是否存在微小的改变。如果得分为1或0分，说明可能存在胸—肩胛—肱骨功能障碍。

（四）躯干稳定性测试

表 1-2-6 控体俯撑测试表（COOK，2001）

控体俯撑测试	
目的	在上肢对称性活动中测试躯干水平面内的稳定性，同时直接测试肩胛骨的稳定性。
操作指南	运动员双足间着地，双上臂稍宽于肩撑地俯卧地面； 双手大拇指与头顶保持在一条直线上，同时双膝关节尽力伸直，女性运动员双上臂可少下移使双手拇指与下颌保持在一条直线上； 腰椎保持自然伸直姿势； 运动员向上撑起使身体整体抬起，完成动作全过程腰部不可晃动，保持腰椎自然伸直姿势； 男性运动员如果不能从起始姿势完成此动作，可以上臂下移使双手拇指与下颌保持在一条直线上再完成一次动作；如果女性运动员如果不能从起始姿势完成此动作，可以双上臂下移使双手拇指与颈部保持在一条直线上再完成一次撑起动作。
评分	3分：从标准俯卧地面姿势开始； 双手大拇指与头顶保持在一条直线上，男性运动员完成一次撑起动作，全过程保持腰椎自然伸直姿势； 双手拇指与下颌保持在一条直线上，女性运动员完成一次撑起动作，全过程保持腰椎自然伸直姿势； 2分：标准俯卧地面姿势，但在开始动作前运动员已经稍抬起躯体； 双手大拇指与头顶保持在一条直线上，男性运动员完成一次撑起动作，全过程保持腰椎自然伸直姿势； 双手拇指与下颌保持在一条直线上，女性运动员完成一次撑起动作，全过程保持腰椎自然伸直姿势；

续表

	控体俯撑测试
评分	**1分：** 男性运动员在双上臂下移的情况下勉强完成一次撑起动作； 女性运动员在双上臂下移的情况下勉强完成一次撑起动作； 不能在全过程中保持腰椎自然伸直姿势（即使可以在重复时完成标准动作）； **0分：** 测试过程中任何时候，运动员感觉身体某部位疼痛，得 0 分。而且需要医学专家尽快检查出现疼痛的原因。
意义	完成测试动作需要在上肢对称性活动中保持躯干水平面上的稳定性。如果不能充分控制躯干的稳定性，就会失散动态能量，导致功能表现水平下降，同时运动员出现损伤的可能性增加。

表 1-2-7 转体稳定性测试表（COOK，2001）

	转体稳定性测试
目的	在上下肢联合运动中测试躯干的多向稳定性。
操作指南	运动员肩与躯干上部垂直，髋和膝屈曲 90 度大腿与躯干下部垂直，足背屈； 腰椎保持自然伸直姿势； 一块 0.3×1.2m 的测试板放在手与膝之间，使手与膝都可以触到板； 肩后伸同时伸同侧髋与膝关节，运动员抬起手和腿并离地约 15cm。抬起的肘、手和膝必须与测试板的边线保持在同一平面内。躯干保持在与测试板平行的水平面内。全过程保持腰椎自然伸直姿势； 运动员肘与膝在平面内屈曲靠拢； 运动员可以尝试 3 次来完成测试动作；

转体稳定性测试	
操作指南	如果运动员得分在 3 分以下,以同时上抬对侧肢体的方式(成对角线)完成测试动作; 运动员换用对侧肢体完成相同测试动作,记录最低得分。
评分	3 分: 运动员双侧肢体都能完成标准测试动作(以同侧肢体同时上抬方式),同时保持腰椎自然伸直姿势,躯干与地面平行,肘膝与测试板边线在同一平面内。 2 分: 运动员能以对侧肢体同时上抬方式完成标准测试动作,同时保持腰椎自然伸直姿势,躯干与地面平行。 1 分: 运动员以对侧肢体同时上抬方式也不能完成试动作。 0 分: 测试过程中任何时候,运动员感觉身体某部位疼痛,得 0 分。而且需要 医学专家尽快检查出现疼痛的原因。
意义	完成测试动作需要在上下肢活动过程中保持躯干水平面上以及转换中的平面上的稳定性。如果不能充分控制躯干的稳定性,就会失散动态能量,导致功能表现水平下降,同时运动员出现损伤的可能性增加。网球运动中的许多功能性活动都需要躯干稳定装置来传达力量,从下肢传向上肢。就像前面提到的如果躯干失去稳定性,就会失散动态能量,导致功能表现水平下降,同时运动员出现损伤的可能性增加; 测试动作完成不佳可能与躯干稳定装置的不对称性有关。

第三节　体能评价方法

一、一般体能的评价方法

（一）12分钟跑测试

12分钟跑是将不同性别的人，按照年龄阶段分为6个组，按每个人在心率合格条件下所跑出的最大距离，分为非常好、很好、好、及格、差、很差6个等级（每分钟的心率不超过180次为合格），实际心率为：测量跑后10秒钟的脉搏数乘以6。

其理论依据是根据当人体达到最大心输出量的运动强度时，训练效果最好。如果以脉搏数为指标，那么用接近极限运动时的脉搏数（MHR）减去安静时的脉搏数（RHR），然后乘以70%，再加上安静时的脉搏数，此时的运动量最适宜。假设前者为每分钟200次，后者为每分钟60次，计算方法如下：

（MHR－RHR）×70％＋RHR＝（200－60）×70%+60＝158次/min

表 1-3-1 12 分钟跑评价标准表（Cooper，1960） 单位：m

年龄（岁）	1级（很差）		2级（差）		3级（及格）	
	男	女	男	女	男	女
13—19	<2080	<1600	2080—2190	1600—1890	2190—2500	1890—2065
20—29	<1950	<1540	1950—2100	1540—1775	2100—2385	1775—1950
30—39	<1890	<1500	1890—2080	1500—1680	2080—2320	1680—1890
40—49	<1825	<1410	1825—1985	1410—1570	1985—2225	1570—1775
50—59	<1650	<1345	1650—1855	1345—1490	1855—2080	1490—1680
60 以上	<1390	<1250	1390—1630	1250—1375	1630—1920	1375—1570

年龄（岁）	4级（好）		5级（良好）		6级（优秀）	
	男	女	男	女	男	女
13—19	2500—2750	2065—2290	2750—2975	2290—2415	>2975	>2415
20—29	2385—2625	1950—2145	2625—2815	2145—2320	>2815	>2320
30—39	2320—2500	1890—2065	2500—2705	2065—2225	>2705	>2225
40—49	2225—2450	1775—1985	2450—2640	1985—2145	>2640	>2145
50—59	2080—2305	1680—1890	2305—2530	1890—2080	>2530	>2080

续表

年龄（岁）	1级（很差）		2级（差）		3级（及格）	
	男	女	男	女	男	女
60以上	1920—2110	1570—1745	2110—2480	1745—1890	>2480	>1890

（二）俯卧撑

俯卧撑是常见的健身运动，主要锻炼上肢、腰部及腹部的肌肉，尤其是胸肌。它是力量素质训练的重要内容之一，同时也是力量素质评价方法之一。

1.测试方法

测试时，受试者双手撑地，手指向前，双手间距与肩同宽，身体挺直，屈臂使身体平直下降至肩与肘处于同一水平面，然后将身体平直撑起，恢复至开始姿势为完成1次。记录次数。

测试时，如果身体未保持平直或身体未降至肩与肘处于同一水平面，该次不计数。

表1-3-2 俯卧撑评价标准表（男） 单位：次

性 别	年龄（岁）	1min	2min	3min	4min	5min
男	20—24	7—12	13—19	20—27	28—40	>40
	25—29	5—10	11—17	18—24	25—35	>35
	30—34	4—10	11—15	16—22	23—30	>30
	35—39	3—6	7—11	12—19	20—27	>27

引自：国家体育总局.国民体质测定标准手册.北京：人民体育出版社，2003

2. 注意事项

（1）要循序渐进，由易到难，由少到多，由轻到重进行锻炼。

（2）根据自己的体质情况，选择适宜的练习方法，控制运动负荷。

（3）要做好准备和放松活动，防止受伤和肌肉僵硬。

（三）仰卧起坐

仰卧起坐是体能锻炼的一个重要环节，主要作用是增强肌肉的力量。它简单、不受场地环境影响，是较为简易的运动方式。

1. 测试方法

反映人体腰腹部肌肉的力量及持续工作能力。使用垫子和秒表测试。测试时，受试者仰卧于水平位置的垫子上，双腿稍分开，屈膝呈 90°，双手手指交叉抱于脑后，由同伴压住双脚以固定下肢。测试者发出开始口令的同时开表计时，受试者快速起坐，双肘触及或超过双膝，然后还原为仰卧，双肩胛触垫为完成 1 次。记录 1 分钟内完成次数。

2. 注意事项

测试时，如果受试者借用肘部撑垫的力量完成起坐及双肘未触及或超过双膝，该次不计数；计数人员要随时向受试者报告完成的次数。

表 1-3-3 仰卧起坐评价标准表（女）　　单位：次

性　别	年级	优秀	良好	及格	不及格
女	初一	≥43	<43 ≥24	<35 ≥24	<24
	初二	≥43	<43 ≥36	<36 ≥25	<25
	初三	≥44	<44 ≥36	<36 ≥25	<25
	高一	≥45	<45 ≥37	<37 ≥25	<25
	高二	≥45	<45 ≥37	<37 ≥27	<27
	高三	≥45	<45 ≥38	<38 ≥28	<28
	大学	≥45	<45 ≥38	<38 ≥28	<28

引自：中华人民共和国教育部，国家体育总局.国家学生体质健康标准解读.北京：人民体育出版社，2007

（四）立定跳远

受试者两脚分开，站在起跳线后，脚尖不得踩线。两脚原地同时起跳，不得有垫步或者连跳动作。试跳三次，记录其中最好一次成绩。立定跳远评价标准如下表：

表 2-3-4 立定跳远评价标准表　　单位：m

性　别	年级	优秀	良好	及格	不及格
男	初一	≥2.20	<2.20 ≥1.95	<1.95 ≥1.67	<1.67
	初二	≥2.31	<2.31 ≥2.08	<2.08 ≥1.79	<1.79
	初三	≥2.41	<2.41 ≥2.21	<2.21 ≥1.93	<1.93
	高一	≥2.50	<2.50 ≥2.29	<2.50 ≥2.04	<2.04
	高二	≥2.53	<2.53 ≥2.34	<2.53 ≥2.09	<2.09
	高三	≥2.55	<2.55 ≥2.35	<2.35 ≥2.11	<2.11
	大学	≥2.58	<2.58 ≥2.38	<2.38 ≥2.14	<2.14

续表

性 别	年级	优秀	良好	及格	不及格
女	初一	≥1.86	<1.86 ≥1.67	<1.67 ≥1.48	<1.48
	初二	≥1.89	<1.89 ≥1.70	<1.70 ≥1.46	<1.46
	初三	≥1.91	<1.91 ≥1.73	<1.73 ≥1.49	<1.49
	高一	≥1.93	<1.93 ≥1.75	<1.75 ≥1.51	<1.51
	高二	≥1.95	<1.95 ≥1.75	<1.75 ≥1.54	<1.54
	高三	≥1.97	<1.97 ≥1.77	<1.77 ≥1.56	<1.56
	大学	≥1.99	<1.99 ≥1.79	<1.79 ≥1.58	<1.58

引自：中华人民共和国教育部，国家体育总局.国家学生体质健康标准解读.北京：人民体育出版社，2007

（五）BMI 指数

BMI 指数（身体质量指数，Body Mass Index，BMI），是用体重公斤数除以身高米数平方得出的数字，是目前国际上常用的衡量人体胖瘦程度以及是否健康的一个标准。主要用于统计，当我们需要比较及分析一个人的体重对于不同高度的人所带来的健康影响时，BMI 值是一个中立而可靠的指标。

$$BMI 指数 = 体重（kg）/ 身高（m）^2$$

表 1-3-5 BMI 指数表

	男	女
适中	20—25	19—24
过重	25—30	24—29
肥胖	30—35	29—34

	男	女
非常肥胖	>35	>34

引自：中华人民共和国教育部，国家体育总局.国家学生体质健康标准解读.北京：人民体育出版社，2007

二、网球专项体能评价方法

使用美国网球协会制定的测试方案监测肌肉和骨骼系统适应性与协调性是简单有效的方法，这些测试参数，还包括对每个运动员测试结果所进行的解释和说明，本书在介绍这个测试方案的同时，结合了我国一些网球运动员的身体素质数据，可以作为网球参与者的体能素质参考。

（一）柔韧性测试

在网球运动中，运动员必须在各种不同的姿势下都能有力地击球，因此要求网球运动员要有良好的柔韧性。

1. 坐姿伸手

腿后群肌和腰部的柔韧水平，是反映躯干后下部分和腿部后方的柔韧性，躯干后下部分和腿部后方的柔韧性不仅有助于身体的伸展，更有助于身体的转动，确保在击球时有更大的伸展幅度和范围，并防治运动的损伤。测试方法如下表：

表 1-3-6 坐姿伸手测试方法表（ITF，2003）

测试设备	测量杆，坐姿伸手箱			
测试程序和方法	1.运动员坐在地板上，双腿往前伸，确保膝关节后部着地			
	2.两手向前展开，手臂向前伸，使食指接触所用的坐姿伸手箱			
	3.教练员不让运动员身体回缩，使运动员身体保持伸展			
测试结果	1.测量脚趾到手指尖的距离，记录几次测试中的最好结果			
	2.如手指伸展范围超过脚趾，测量数据为正数；如手指伸展范围没有超过脚趾，测量数据为负数			
标准		优秀	良好	一般	需要提高
男	青少年	>10cm	10—5cm	5—2cm	<2cm
	成年	>7cm	7—2cm	2—0cm	<0cm
女	青少年	>20cm	20—17cm	17—12cm	<12cm
	成年	>15cm	15—10cm	10—5cm	<5cm

2.腿部后群肌测试

运动员在击球中的急停、启动、跑动和跳跃都需要大腿后群肌的力量来完成，这部分肌肉紧张或僵硬可能导致在快速运动中的身体损伤，腿后群肌测试就是测试这一部分肌肉的柔韧性，测试方法如下表：

表 1-3-7 腿部后群肌柔韧性测试方法表（ITF，2003）

测试设备	量角器，训练台		
测试程序和方法	1. 运动员仰卧在训练台上，将一条腿提起，保持膝关节伸直		
	2. 测试员一手放在髋部，压住骨盆，同时另一只手将腿抬起，直到腿后群肌有紧绷的感觉		
测试结果	1. 另一名测试员以腿的侧面和躯干的侧面分别作为边线，量角器与两臂对齐，测量量角器与髋部的夹角		
	2. 记录一次测试的成绩		
标准	优秀	良好	需要提高
男	>78°	78°—72°	<72°
女	>83°	83°—76°	<76°

3. 髋关节柔韧性

大腿在身体前交叉转动时，力量来源于髋关节屈肌，网球运动员中许多高水平的运动员这部分肌肉特别紧张。髋关节屈肌和股四头肌的紧张常常引起躯干后下部分的功能丧失以及减小下肢力量和移动能力。测试方法如下表：

表 1-3-8 髋关节柔韧性测试方法表（ITF，2003）

测试设备	训练台，量角器
测试程序和方法	1.运动员仰卧在训练台上，身体和头部始终和台面接触，两条大腿的部分在台面，小腿悬在台面下 2.抱住双腿（屈膝）到胸前，使膝关节靠近胸部，随后放下一条腿悬在台下面 3.抱紧一条腿并靠近胸部，另一条腿贴在台面上 4.髋关节伸展。如果髋关节不能伸展则说明髋关节缺乏柔韧性。为了给其一个定量，可以用量角器测量大腿和脊柱之间的角度。为了测量大腿前面股直肌的长度和柔韧性，在髋关节不屈和大腿不抬离台面的情况下，尝试弯曲膝关节为90º，测试过程中保持大腿不要靠近胸部
测试结果	测量大腿和脊柱之间的角度来判断柔韧性

4. 股四头肌的柔韧性

此项测试应该由训练有素的专家，例如治疗专家或体能训练专家来监控。股四头肌使大腿前方最大的肌肉，是大腿伸直前方最大的肌肉，是大腿伸直和髋关节屈的动力。良好的股四头肌的柔韧性会降低运动损伤的风险，并提高躯干下部分的活动范围。测试方法如下表：

表 1-3-9 股四头肌柔韧性测试方法表（ITF，2003）

测试设备	训练台，量角器
测试方法和程序	运动员俯卧在训练台上，一条腿的膝关节弯曲，尽可能使脚后跟碰到臀部
测试结果	测量大腿和小腿间的夹角，看两腿的角度是否平衡

5. 肩部柔韧性

此项测试应该由训练有素的专家，如治疗专家或体能训练专家来监控。肩部的柔韧性关系到手臂环绕肩关节活动的范围，而手臂的内外旋转是防止击球期间运动损伤和发挥技术的重要保证。让上臂和身体保持90º，内转手臂使手指对着脚尖；外转手臂使手指朝头上方；向中间转动使手指对着天花板。如果内转、外转的肌肉比以前紧张、不平衡，则肩部损伤的风险将加大。大多数运动员内转的柔韧性较差。测试方法如下表：

表 1-3-10 肩部柔韧性测试方法表（ITF，2003）

测试设备	训练台，量角器			
测试方法	1. 运动员仰卧在训练台上，上臂以90º向外展，整个过程中肩袖保持稳定，以保证测量的精确性 2. 肘关节弯曲成90º（手指向天花板），这是中间的开始位置 3. 测试员用手压住肩膀的前部，保持肩部稳定，肩从中间位置向内和向外旋转 4. 测量两个肩的旋转角度			
测试结果	1. 用量角器测量手臂的旋转角度 2. 分别记录运动员执拍手臂和非执拍手臂试验数据一次			
标准	优秀	良好	一般	需要提高
	男子 11—18 岁		女子 11—18 岁	
	执拍手臂	非执拍手臂	执拍手臂	非执拍手臂
外旋	95º—105º	90º—100º	90º—105º	95º—105º
内旋	40º—50º	50º—60º	45º—55º	55º—65º

（二）灵敏与速度测试

灵敏与速度是指网球运动员在网球场范围内快速、流畅地移动并击球的能力。

1. 18m 冲刺

网球比赛平均每得失一分的时间为 510 秒，所以良好的爆发性移动速度至关重要。18m 冲刺是反映灵敏与速度的重要指标，其测试方法如下表：

表 1-3-11 18m 冲刺测试方法表（ITF，2003）

测试设备	胶纸带，秒表			
测试方法	1.用胶纸带标明 18m 距离的起点和终点，运动员以左右跨步姿势站到起跑线后 2.听到口令后开始测试，尽可能快地跑向终点			
测试结果	当运动员跑向终点时，记录所用的时间，选 23 次测试中的最好结果			
标准		优秀	良好	一般	需要提高
男	青少年	<3.25 秒	3.25—3.35 秒	3.35—3.55 秒	>3.55 秒
	成年	<2.95 秒	2.95—3.05 秒	3.05—3.35 秒	>3.35 秒
女	青少年	<3.35 秒	3.35—3.45 秒	3.45—3.65 秒	>3.65 秒
	成年	<3.25 秒	3.25—3.35 秒	3.35—3.55 秒	>3.55 秒

2.六边形测试

网球运动需要向各个方向快速移动的能力。六边形测试可以反映运动员在面向一个方向时向前、向后和向侧面改变方向的脚步快速移动的能力。在快速跳跃改变方向的同时要保持身体稳定，拥有良好的平衡能力。测试方法如下表和图：

表 1-3-12　六边形测试方法表（ITF，2003）

测试设备	角度计或量角器，秒表，胶纸带			
测试方法	1. 用胶纸带，在地上标识出六角形，其边长为 60cm，每个边之间的夹角为 120º，指定某个边为起跳线 2. 运动员站在六边形里，面向起跳线，听口令后开始测试 3. 两脚向外跳出起跳线，立即跳回六角形内，随后又立即跳出起跳线相邻的另一边，始终保持面朝前方的起跳线 4. 按一定的方向，在六边形相邻线的内外之间连续跳，尽可能快地跳 3 圈，确保脚不能触碰边线			
测试结果	1. 沿六边形跳 3 圈，运动员跳回六边形内后，记录所用时间 2. 规则：如触边线一次加 0.5 秒，跳错一条边线加 1 秒 3. 最多测试 2 次，并记录最好一次成绩			
标准		优秀	良好	一般	需要提高
男	青少年	<11.20 秒	11.20—11.80 秒	11.80—12.60 秒	>12.60 秒
	成年	<12.00 秒	12.00—12.90 秒	12.90—13.40 秒	>13.40 秒
女	青少年	<11.50 秒	11.50—11.80 秒	11.80—12.30 秒	>12.30 秒
	成年	<11.90 秒	11.90—12.00 秒	12.00—12.30 秒	>12.30 秒

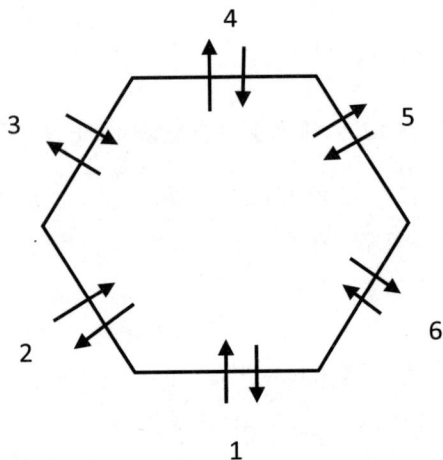

图 1-3-1 六边形测试示意图（ITF，2003）

3. 侧滑步

网球运动员需要向边线两侧的快速移动，一般比赛中运动员左右移动正反手击球占大多数的时间，在侧向移动中保持身体重心的稳定性非常关键。侧滑步反映运动员侧面移动的速度和灵活性。测试方法如下表和图：

表 1-3-13 侧滑步测试方法表（ITF，2003）

测试设备	秒表，胶纸带，网球场
测试方法	1. 运动员面向球网，站在网球场"T"形处，一只脚站在"T"形的任何一条线上 2. 沿着发球线侧滑步，要求一只脚接触双打的边线，并立即返回，继续滑步到另外一条双打边线，最后滑步回到起点。不许有交叉步

续表

测试设备	秒表，胶纸带，网球场			
测试结果	1. 当运动员通过"T"形中心处时，记录所用的时间 2. 选取两次测试中的一次最好成绩			
标准		优秀	良好	一般	需要提高
男	青少年	<6.50 秒	6.50—6.70 秒	6.70—6.90 秒	>6.90 秒
	成年	<7.0 秒	7.0—7.20 秒	7.20—7.50 秒	>7.50 秒
女	青少年	<6.0 秒	6.0—6.80 秒	6.80—7.20 秒	>7.20 秒
	成年	<5.50 秒	5.50—5.60 秒	5.60—5.80 秒	>5.80 秒

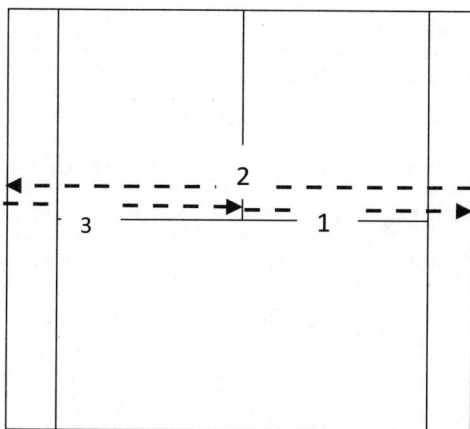

图 1-3-2 侧滑步测试示意图（ITF，2003）

4. 蜘蛛形跑

快速启动和急停，瞬间改变方向并快速向各个方向移动是网球运动员最重要的运动能力。蜘蛛形跑测试可反映网球运动员这些移动能力的水平。测试方法如下表和图：

表 1-3-14 蜘蛛形跑测试方法表（ITF，2003）

测试设备	秒表，5 只网球，胶纸带，网球场地			
测试方法	1. 在端线后方，用胶纸带标识出边线为 30cm 长的正方形，用以放置网球 2. 在两个边线和底线交接处，两个边线和发球线交接处，T 位置各放一只球 3. 运动员听口令后快速跑动，按一定顺序，尽快将球取回放在正方形内			
测试结果	测试员在最后一个球被放进正方形后，记录两次测试中的最后结果			
标准		优秀	良好	一般	需要提高
男	青少年	<14.70 秒	14.70—15.10 秒	15.10—15.50 秒	>15.50 秒
	成年	<15.20 秒	15.20—15.40 秒	15.40—16.00 秒	>16.00 秒
女	青少年	<17.00 秒	17.00—17.10 秒	17.10—17.30 秒	>17.30 秒
	成年	<17.35 秒	17.35—18.10 秒	18.10—18.35 秒	>18.35 秒

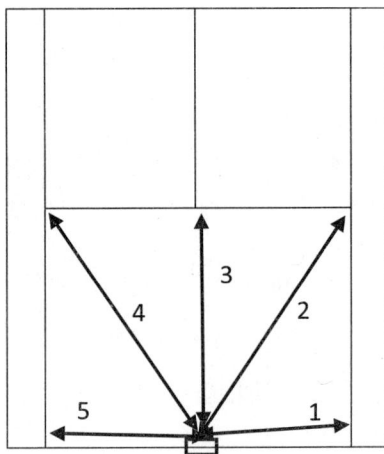

图 1-3-3 蜘蛛形跑测试（ITF，2003）

（三）爆发力测试

网球运动需要有强大的爆发力，这种能力可使运动员对场上情况做出反应后快速移动，且移动和击球都强而有力。运动员的爆发力使得起动迅速并及时移动到位，是取得有效击球的保证。爆发力可通过抛实心球、纵跳等方式来测试。

1. 前抛实心球

网球击球或发球都需要由下向上的力量传递，所以脚蹬地对网球击球的力量有很大的影响。人蹬地有多大的力量，地面就会反作用给人多大的力量。无论是前抛还是后抛，都可以体现脚蹬地，下肢传递力量的效果。前抛球实心球的测试方法如下表：

表 1-3-15 前抛实心球测试方法表（ITF，2003）

测试设备	卷尺，2.7Kg 实心球，胶纸带			
测试方法	1. 运动员站在起始线后，面向前，两手举起实心球，并高过头顶，尽可能快的将球投向前方 2. 在投掷以前，尽可能向前迈一步，但脚不能越过起始线 3. 抛球角度最好是前上方 40º—50º			
测试结果	观察实心球的落地点，测出投掷的距离，记录两次测试中最好一次的成绩			
标准	优秀	良好	一般	需要提高
男 青少年	>8.3m	8.3—6.8m	6.8—5.2m	<5.2m
男 成年	>10.5m	10.5—8.9m	8.9—7.1m	<7.1m
女 青少年	>6.8m	6.8—5.5m	5.5—4.3m	<4.3m
女 成年	>7.1m	7.1—5.8m	5.8—4.6m	<4.6m

2. 后抛实心球

后抛实心球测试方法如下表：

表 1-3-16 后抛实心球测试方法表（ITF，2003）

测试设备	卷尺，2.7Kg 实心球，胶纸带			
测试方法	1. 运动员站在起始线后，面向后，两手将实心球举起，举到面前，在腰部位置 2. 屈膝蹬地，背部保持平直，两臂用力向后上方抛实心球 3. 抛球角度最好是后上方 45º			
测试结果	观察实心球的落地点，测出投掷的距离，记录两次测试中最好一次的成绩			
标准	优秀	良好	一般	需要提高
男 青少年	>12.6m	12.6—9.8m	9.8—7.1m	<7.1m
男 成年	>14.1m	14.1—11.7m	11.7—9.5m	<9.5m
女 青少年	>9.5m	9.5—8.0m	8.0—6.5m	<6.5m
女 成年	>10.5m	10.5—8.3m	8.3—6.1m	<6.1m

3. 正手侧投实心球

网球击球不仅需要脚蹬地，完成力量从下向上的传递的过程，同时还需要身体的转动，力量从后向前传递的过程。正手和反手侧投实心球可以很好地反映这样的力量传递协调链的规律，将全身的力量结合并发挥出来。无论正手还是反手抛球练习或测试，都要模仿击球的动作，体验用力的感受。测试方法如下表：

表 1-3-17　正手侧投实心球测试方法表（ITF，2003）

测试设备	卷尺，2.7Kg 实心球，胶纸带			
测试方法	1. 运动员站在起始线后，面向前，用两手将实心球举到面前，两手臂伸开 2. 模仿网球正手击球动作，将实心球投掷到尽可能远的地方 3. 抛球前可向前迈出一步，集中力量将实心球抛出，但抛球后脚不能越过起始线			
测试结果	记录两次测试中最好一次的成绩			
标准		优秀	良好	一般	需要提高
男	青少年	>11.1m	11.1—8.9m	8.9—5.8m	<5.8m
	成年	>12.9m	12.9—10.8m	10.8—8.6m	<8.6m
女	青少年	>8.9m	8.9—7.4m	7.4—5.8m	<5.8m
	成年	>9.8 m	9.8—8.0m	8.0—6.1m	<6.1m

4. 反手侧投实心球

反手侧投实心球的测试方法如下表：

表 1-3-18　反手侧投实心球测试方法（ITF，2003）

测试设备	卷尺，2.7Kg 实心球，胶纸带			
测试方法	1. 运动员站在起始线后，面向前，用手将实心球举到面前，两手臂伸开 2. 用单手或双手在反手位将球抛出，投掷到尽可能远的地方 3. 允许向前迈出一步，集中力量将实心球投出			
测试结果	记录两次测试中最好一次的成绩			
标准	优秀	良好	一般	需要提高

续表

测试设备	卷尺，2.7Kg 实心球，胶纸带			
男	青少年	>10.1m	10.1—8.3m	8.3—6.5m	<6.5m
	成年	>12.9m	12.9—10.5m	10.5—8.0m	<8.0m
女	青少年	>8.9m	8.9—7.4m	7.4—5.2m	<5.2m
	成年	>9.5m	9.5—7.7m	7.7—5.5m	<5.5m

5. 纵跳摸高

爆发力是力量和速度的结合。网球技术需要向各个方向快速变向移动，需要良好的爆发力水平，所以下肢的力量至关重要。纵跳可反映下肢的爆发力。测试方法如下表：

表 1-3-19 纵跳摸高测试方法表（ITF，2003）

测试设备	量尺			
测试方法	1. 运动员侧向靠墙站立，举起手臂越过头顶，手指张开，尽可能高地触摸高点，同时不能抬脚跟，记录下高度，作为站立摸高的高度 2. 运动员靠量角器侧身站立，用力纵跳，用一只手尽可能高的触摸最高点，记录跳跃高度 3. 运动员可测试两只手触摸的高度			
测试结果	1. 站立摸高和跳跃摸高之差为运动员的最后成绩 2. 记录两次测试中最好一次的成绩			
标准	优秀	良好	一般	需要提高
男	青少年	>71cm	71—66cm	66—53cm	<53cm
	成年	>69cm	69—56cm	56—43cm	<43cm
女	青少年	>52cm	52—41cm	41—30cm	<30cm
	成年	>56cm	56—43cm	43—33cm	<33cm

（四）肌肉力量和耐力测试

力量增大，可使运动员的击球力量增加。增加肌肉耐力，可使运动员在比赛过程中具有较好的体能，以便获得更好的成绩。

1. 握力测试

良好的握力可以确保运动员持久有力地握住球拍，还可以确保手腕击球不易受伤。据研究，职业网球运动员非主控手的力量不能小于主控手的 75%。手的握力反映的是手指和前臂的力量大小。测试方法如下表：

表 1-3-20 握力测试方法表（ITF，2003）

测试设备	握力计							
测试方法	1. 运动员站立，一手拿测力计，手臂自然下垂在身体侧边 2. 尽可能地握紧测力计，持续 3 秒钟							
测试结果	每只手测试 3 次并分别记录最好结果							
标准 执拍手		优秀		良好		一般		需要提高
		非执拍手	执拍手	非执拍手	执拍手	非执拍手	执拍手	非执拍手	非持拍手
男	青少年	>51kg	>42kg	51—48 kg	42—34 kg	48—39 kg	34—30 kg	<39kg	<30kg
	成年	>60kg	>36kg	60—50 kg	36—31 kg	50—41 kg	31—25 kg	<41kg	<25kg
女	青少年	>36kg	>32kg	36—30 kg	32—28 kg	30—25 kg	28—18 kg	<25kg	<18kg
	成年	>38kg	>28kg	38—34 kg	28—24 kg	34—27 kg	24—23 kg	<27kg	<23kg

2. 单腿稳定性测试

网球的击球动作需要弯曲下肢，完成力量从下向上传递的储备，是运动员快速起动和急停能力，以及运动中平衡能力的良好表现。单腿稳定性测试可以反映下肢在重心下降时承受重力的能力。测试方法如下表：

表 1-3-21 单腿稳定性测试方法表（ITF，2003）

测试设备	
测试方法	1. 运动员站立，双手自然下垂放在身体的两侧 2. 一条腿抬起，大腿垂直地面，屈膝成 90º，随后支撑腿弯曲约 30º 3. 测试中要眼视前方，每条腿连续测试数次
测试结果	观察两腿支撑身体稳定性的表现
注意点	单腿的稳定性测试表明腿部对身体的支撑能力和平衡能力。良好的支撑力量是提高腿部快速起动和制动，以及预防损伤的关键

3. 肩袖稳定性测试

肩胛骨是肩部肌肉附着的部位，手臂绕肩窝运动，需要肩部有良好的力量和稳定性。网球运动对肩部力量和稳定性的要求很高，但许多运动员肩部力量却不足或发展不平衡。肩袖稳定性测试可以很好地反映肩部力量，测试方法如下：

表 1-3-22 肩袖稳定性测试方法表（ITF，2003）

测试设备	0.5Kg 哑铃两个（需专业人员测定）
测试方法	1. 运动员站立手持哑铃侧平举，手臂要伸直 2. 手臂上下摆动
测试结果	观察两臂摆动的稳定性

4. 肩关节外转测试

肩部回旋肌群在所有的臂膀运动中负责稳定肩部，外部肩膀回旋肌群的力量和肌肉耐力在防止肩部受伤方面起关键作用，下面的测试可以评估肩部回旋肌群的力量，测试方法如下表：

表 1-3-23 肩关节外转测试方法表（ITF，2003）

测试设备	凳子，量角器
测试程序和方法	1. 运动员可以坐着或站着，测试人员把运动员的肩袖外展90°，在冠状面上向外旋转 90°，肘关节弯曲 90° 2. 测试人员对运动员施加力量，运动员应该保持开始的肩和肘部的两个 90° 不变，力求臂肘位置固定 3. 测试人员根据以下标准对两臂的表现进行打分和记录
测试结果	1. 正确：测试中能够没有疼痛地抵制测试员给予的最大压力，保持位置 2. 良好：能够没有疼痛地承受来自测试员的轻微阻力而保持正确位置。手和前臂轻微移动向内旋转，能承受来自测试员的更强的压力 3. 一般：不能承受来自测试员的任 4. 差：不能把手臂放到正确的位置 5. 按照 5/5 的比例记录成绩，低于 5/5 意味着需要加强肩膀回旋肌群的力量

（四）有氧能力测试（2400 米跑）

一场网球比赛的时间最多可达到 3 小时或更长时间，拥有较强的有氧代谢能力可以确保运动员在分与分之间以及局间交换场地时，消耗的体能得到快速的恢复，从而能进行更长时间的比赛，保持良好的运动状态，所以网球运动员需要良好的长距离连续跑动的能力及良好的有氧能力基础，一般情况下 2400 米的运动量是比较合适的。有氧耐力的测试方法如下表：

表 1-3-24 有氧能力测试方法表（ITF，2003）

测试设备		400m 跑道，秒表			
测试方法		1.运动员在起跑线后，听测试人员口令后开始测试 2.用尽可能快的速度沿测试跑道跑 6 圈			
测试结果		记录运动员到达终点时所用的时间			
标准		优秀	良好	一般	需要提高
男	青少年	<9'45"	9'45"—10'45"	10'15"—11'05"	>11'05"
	成年	<8'45"	8'45"—10'45"	10'45"—12'25"	>12'25"
女	青少年	<10'30"	10'30"—11'0"	11'0"—11'30"	>11'30"
	成年	<11'40"	11'40"—13'40"	13'40"—15'0"	>15'0"

小结

在网球运动上获得成功取决于很多因素，包括：运动员的神经肌肉与生理特点，他们的技术水平，比赛时的战术的使用，坚强的意志品质和强烈的动机。这些因素很多是没法客观测量的，全靠教练们的直觉来判断。但是，就像本章中描述的那样，网球运动员所需要的力量与体能方面却有很多是可以量化评价的。

通过这些测试评价，教练们可以更加精确的调整与设计训练方案，更加有效地控制运动员的训练过程。而且，这些测试还可以对训练计划的效果提供及时客观的反馈，增加训练动机，以帮助运动员在运动场上和获得运动场外都得最大限度的能力的提升。这对于激励青少年运动员的成长和准备成为职业选手会有很大帮助。教练们对运动员了解得越多，越是能够发现运动员弱点，进而对运动员实施更有针对性的训练，获得最大的训练效果。

第二章　网球运动员的职业发展规划

当今网球运动的潮流，是在发展运动员一般运动能力之前就优先发展专项身体素质。但是有确凿的证据提示这种方法有很多明显的弊端。Schonberg（2001）就提出了在培养优秀网球运动员过程中，一个长期的身体训练计划与发展规划是非常重要的。而且强调在重点发展专项身体素质之前要全面发展一般性运动能力。

研究指出培养一名优秀的运动员需要8—12年的训练时间，这就是10年或10000小时规律（ITF，2003）。对于家长、教练和运动员来说，也就是说在10年中，每天要坚持3小时以上的训练。但是多数运动项目的教练和运动员的家长们仍然坚持主要在周末进行训练的态度。现在我们已经知道要想培养出一个高水平的运动员，不管是什么项目，必须要有长期训练的决心与规划。

一份精心设计的专业的训练，比赛和恢复计划可以保证运动员在整个职业生涯中得到最佳的发展。成功来自长期的良好训练和运动表现，而不是一时的输赢。在通往成功的路上没有捷径可走。急于参加比赛必然导致一系列的身体上、技战术和心理上的不足。

少年儿童运动员的比赛和训练计划必须反映这部分人群的特殊发展需求，必须遵守儿童生长发育的规律。把成人的训练比赛计划强加到青少年运动员身上是不合理的。

第一节 不同运动项目的职业发展模式

一般来说，运动项目可以分为早期专项化和晚期专项化两类。例如：体操、艺术体操、花样滑冰、跳水和乒乓球这样一类运动项目需要在早期的训练中开始进行专项性练习；其他的运动项目，如网球被归为晚期专项化项目，这些运动项目在早期的训练中需要全面的一般性训练。在网球运动训练的早年，训练的重点是学习掌握和发展跑、跳、滑步、投掷等一些基本的运动技能和（技战术所需的）知觉运动技能。

早期专项化运动项目需要四步发展规划模式，而晚期专项化运动项目需要六步发展规划模式（表 2-1-1）。

表 2-1-1 运动项目专项化的发展规划模式表

	早期项目	晚期项目
专项化发展规划模式	为训练而训练	基础练习
	为比赛而训练	学习训练
	为赢得比赛而训练	为训练而训练
	退役	为比赛而训练
		为赢得比赛而训练
		退役

第二节　网球运动员的职业的发展规划模式

网球运动员的职业发展一般经历基础练习、学习训练、为训练而训练、为比赛而训练、为赢得比赛而训练、退役等六个阶段。

一、基础练习阶段

年龄：男子 6—9 岁 / 女子 6—8 岁

在运动专项性技术练习之前必须学习和掌握一些基本的运动技能。这一阶段需要很好的设计而且要充满乐趣。该阶段的重点是发展运动员的基本运动技能和身体素质，也就是我们通常说的身体训练。可以练习基本运动技能的游戏应该是每节训练课的一部分，通过积极的充满乐趣的方法来训练这些基本运动技能，对运动员将来的发展会很有帮助。

应该鼓励他们参加各种不同的运动，因为运动方式的变化将会使他们保持心理和生理上的新鲜感而不至于过早退出。强调一般性运动技能和身体素质的练习，可以使运动员更好地适应将来长期的专项训练。

基础阶段没有严格的时间划分，但是所有的练习内容都必须很好的规划和控制。建议在整个学年和假期循环练习，也可以组织参加运动营活动。如果家长和儿童有一个运动项目的偏好，如网球，可以每周参加2—3次的网球练习，但是要想将来成为网球高手，最好每周额外参加3—4次其他的体育运动。如果将来运动员决定退出竞技比赛的圈子，那么他们在基础阶段获得的这些基本运动技能有助于他们参加其他的体育运动，或者参加一些休闲活动，帮助他们提高舒适感，健康和生活质量。

我们可以用训练和运动表现来描述各种决定运动员训练和运动表现的身体素质敏感性，这些身体素质包括耐力，力量，速度，技能和柔韧性。

（一）耐力

这一时期有氧系统非常敏感，很容易通过训练来提高。有氧训练一般采取包含有氧运动的游戏的形式来进行。年轻运动员能够集中注意力的时间常常很短，经常变换游戏非常重要。有氧游戏可以在球场上进行，也可以在场外进行。

（二）力量

在青春期之前会获得力量素质的提高。好像儿童和青少年一样可以通过训练提高力量素质，但是他们提高的主要是相对力量，而不是绝对力量（相对力量指的是单位体重的力量，绝对力量指的是不考虑体重因素前提下一个人的最大力量）。

在青春期之前力量素质的提高是通过运动协调性的提高、结构和神经适应来达到的。特殊练习和增加肌肉活动都可以提高力量。但是要明确一点，像这样强壮肌肉的结构变化在这个时期是不会出现的。

力量训练可以很早就开始，主要利用身体重量进行训练，同时做些健身球和实心球练习可以增加练习的乐趣。对于年轻运动员健身球和实心球练习可能是效果最好的练习方式。反弹实心球可以用来训练协调性，但是要注意安全，不可以用潮湿的球做抛球和抓球练习。健身球可以帮助提高躯干核心力量和四肢力量，还可以同时锻炼发展身体平衡能力。

骨骼肌肉系统能力的评价必须非常早就开始——在运动员成为达到或接近少年组高水平的时候。在训练的每个时期，运动控制在帮助运动员发挥最佳运动表现和预防损伤方面的作用都很重要。

（三）速度

速度训练有两个提高的敏感期：

● 女性：6—8岁阶段和11—13岁阶段

● 男性：7—9岁阶段和13—16岁阶段

最大速度包括直线速度，侧移速度，多向速度，变向速度，灵敏性和肢体速度（手臂和足的速度）。速度训练的第一个敏感期，男女都一样是得益于中枢神经系统而不是能量代谢系统的训练。中枢神经系统训练的强度和量都很小，但是必须对无氧乳酸能系统有一定的刺激（单次无氧运动时间少于 5 秒钟）。无氧乳酸能系统的间歇性训练（1—10 秒和 10—15 秒）只在第二个速度训练的敏感期才开始安排。

（四）技能

这个阶段最重要的是全面发展身体素质，包括灵敏、平衡、协调性和速度等运动必需的基本身体素质；跑、跳、投掷等基本运动能力；肌肉运动知觉、滑行、轻快和挥动的感觉运动的基本感觉（如在持械运动，如网球、冰球、垒球、曲棍球等中体会发展）。抓、踢、打击等基本动作（像在足球、排球等中用身体的一部分来完成）。学习和参加这些活动对运动员将来的发展非常重要。这一阶段掌握应该这些基本的运动技能。

（五）柔韧性

柔韧性练习的基本方法应该在一些愉悦的游戏中接触和学习。柔韧性是训练和运动表现中所必需的基本素质之一。高水平的一般性和专项柔韧性素质必须在训练的早期就获得。

要想提高身体的柔韧性需要每周 5—6 次的专门柔韧性训练，每周 2—3 次或隔天一次的训练只可以保持柔韧性的现有水平。牵拉活动不要在休息日进行。

热身活动过程中不要做过多的静力性牵拉，热身活动中的静力性牵拉不能起到预防损伤的作用。但是发展运动员的身体素质和基本运动技能有助于损伤预防。

应用实践：

在基础训练阶段并不限制比赛。只要有机会，年轻运动员任何时候都可以参加比赛，可以根据兴趣参加各种项目的比赛，包括网球。运动员可以学习领会一些体育精神和简单的规则。

二、学习训练阶段

年龄：男子 9—12 岁 / 女子 8—11 岁

这一时期是主要的运动学习阶段。9—12 岁是少儿最重要的运动学习时期之一。这个阶段是少儿学习发展各种基本运动技能的敏感时期，而这些基本运动技能是他们将来运动生涯的基石。这些曾被看作身体素质的基本运动技能应该在这一时期发展和提高到一个很高的水平。运动员在这个阶段要掌握基本的网球运动技能，同时还要积极参加其他各种运动。

年轻运动员此时要开始学习如何训练。要给他们介绍一些基本的网球技战术和一些对网球运动有帮助网球运动以外的辅助性技能，如热身活动与整理活动，牵拉技术，水和营养的补充，运动恢复，心理训练，状态调整，完整的赛前准备常规和赛后恢复。当然在运动员后期的成长过程中这些知识基础会得到进一步的发展。

在学习训练阶段运动员开始在意比赛的输赢，并会在比赛中全力以赴。但是要注意他们的主要任务是掌握运动专项技能。所以，大量的时间要花在训练上，而不是比赛中。对于这个阶段的选手，他们全年的参赛计划中要体现出训练大于比赛的特点。比赛太少的话，会妨碍他们使用和练习学到的各种网球技能，不利于他们学习和提高应对比赛中的心理及生理压力的能力；但是过多的比赛会浪费大量宝贵的训练时间。

（一）运动中的表现特点

由于这是主要的技术学习阶段，所以主要强调运动技能的发展。同时耐力素质、力量、速度和柔韧性素质也需要通过有计划的训练而进一步提高。虽然在前面这两个阶段，不同方式的训练适应之间很少有相互干扰现象，但是一个好的训练，比赛和恢复计划可以使各种训练效果达到最佳。

（二）训练和比赛之间的比重

在学习训练阶段，专家的建议是训练时间占 80%，比赛时间占 20%，但是这个比例可以因项目和个人的特殊需求而变化。和一心只想参加和赢得比赛的运动员相比，这种比例的安排可以使运动员更好地为短期和长期的比赛做好准备。

这一阶段，运动员应该每天在比赛的压力下进行训练，可以采用训练性比赛，有竞争性的游戏及练习。有两个运动表现高峰的双周期训练模式是这个阶段运动员的最佳准备性训练模式。

（三）营养补充

处于生长发育期的运动员，在营养需求方面不能完全参照成年人的推荐标准。

1.儿童需要更多的蛋白质才能满足生长的需求。

2.儿童需要摄取更多的钙来满足骨增长的需求。

3.儿童运动中单位体重的热能消耗更高。

4.儿童、青少年和成人汗液中电解质的丢失量是不同的。

5.脱水对儿童运动能力的影响比对成人的影响更大。

以上几点在训练的基础练习阶段，学习训练阶段和为训练而训练阶段都必须注意。

三、为训练而训练阶段

年龄：男子 12—16 岁 / 女子 11—15 岁

这个阶段是女子发展力量和有氧耐力基础以及男子发展有氧耐力基础的时期。这一阶段，男女运动员都应该充分利用速度发展的第二个敏感期，进一步的来提高速度素质。运动员应该使用先进的身体训练技术，恢复活动并且不断学习提高这方面"理论基础"或使用辅助性技能的能力。虽然这种理论基础在前一个阶段就已经获得了，但是现在应该进一步扩充它利用它。

大多数的运动员在这个时期会进入到青春期，给他们制定训练计划的时候需要考虑到身高发育敏感期的出现。

对于网球这种技能类运动项目，这一阶段和学习训练阶段一样重要。

（一）耐力

身高发育敏感期的出现使得有氧耐力训练的适应性改变更加容易发生，这也被称作耐力发展高峰。由于青少年组（女子在 11—15 岁，男子在 12—16 岁）组内有 4—5 岁的年龄差距，他们在训练时应该按照生物年龄而不是时序年龄分组。在青春期出现之前，儿童主要是靠运动经济化，也就是减少运动的耗氧量而不是提高最大摄氧量来提高有氧耐力。然而，一旦他们进入身高发育敏感期，最大摄氧量提高明显，并且最大摄氧量提高最快的时期就是女子在 11—15 岁，男子在 12—16 岁的阶段。

不负重的有氧活动可以预防损伤和过度性的劳损，而通过力量训练等负重活动和技战术练习可以减少运动员们的慢性累积伤痛。但是本阶段运动员的主要有氧训练方式还是各种不负重的活动。

（二）力量

本阶段短期的力量训练似乎不影响他们的有氧耐力。但是，和成人不同的是每周 1 次的力量训练不能保持力量素质。他们的力量训练应该保证每周进行 3 次，每次 30 分钟以内。身高发育敏感期的出现决定了本阶段力量训练的强度和频率。力量训练的关键时期对于女子是在身高发育敏感期期结束时紧接着出现的，对于男子是在身高发育敏感期结束后的 12—18 个月才出现。

随着身高发育敏感期的出现，运动员们应该学习掌握一些奥林皮克举重练习方法与技能，为即将出现的力量增长敏感期做好准备。而且正确的力量练习技能对于预防损伤和获得最大的力量练习效果都有帮助。体重增长敏感期将会在身高发育敏感期后出现。首要原则是让那些提前出现体重增长敏感期的运动员早些开始，而那些推后出现体重增长敏感期的运动员晚些时候开始自由力量练习。

教练们应该根据体重增长敏感期的出现和高峰期来调整运动员的力量训练。准确的预测体重增长敏感期将提供力量训练计划实施的时间表。

（三）速度

第二个速度快速提高的时期，女子在 11—12 岁，男子 13—16 岁。虽然中枢神经系统的训练依然重要，但是在女子本阶段的初期，男子在本阶段的中期就应该开始进行专门的无氧无乳酸爆发力训练以及训练间歇的无氧无乳酸能力的训练了。安排训练负荷包括练习强度，频率和持续时间等必须非常小心，而且要在其他一些练习的后面安排直线的，侧向的以及多种方向移动的速度练习，以获得最好的效果。

和前面提到的其他练习不同，速度练习应该全年进行，不管是在年度训练计划的那个阶段，也不管那个阶段的主要目标是什么。速度练习应该安排在热身活动之后，机体的神经和供能系统还没有出现疲劳的时候进行，而且每次练习的量应该小。

速度练习的目标是无氧无乳酸系统和中枢神经系统，所以速度练习不会引起代谢和神经系统疲劳的累积，自然不会对其他长期或短期的训练目标产生影响。

（四）技能

由于青年时代的快速生长，运动员的身体重心、手臂、躯干和腿都发生着改变，他们的移动和技术技能也需要重新学习。教练们对于发育期和刚过发育期的运动员必须有足够的耐心，运动员的身体发育不平衡，有的部分生长快有的部分慢，这些对于运动员的移动和技术技能可能会产生暂时性的影响。

（五）柔韧性

这个阶段的柔韧性练习一定要非常小心。在静力性牵伸和本体感受牵伸法（PNF）之外，必要时做一些孤立肌肉的动力性牵伸。这些正常训练之外的牵伸活动对于本阶段及下个阶段的运动员的准备非常重要。在热身活动中应该用一些动力性牵伸和防伤练习替代原来的静力性牵伸活动。

（六）训练与比赛之间的比重

本阶段，专家建议安排60%的训练与40%的比赛（包括针对性训练中的比赛），当然，这个比例可以根据项目和运动员的特殊需求做一定的调整。比起那些只想着尽快可以赢得比赛的训练安排来说，这种训练与比赛时间比例的安排对于运动员的长期和短期成长都更为有利。

应用实践：

应该根据运动员的发育水平（提前发育、一般发育和延迟发育）来分组训练，这样就是按照运动员的实际发育水平而不是时序年龄来安排训练，可以避免过度训练和训练不足的情况发生，不会只是少部分运动员得到合理充分的训练。否则很容易降低有氧耐力训练敏感期的训练效果。

提示：

为训练而训练的阶段必须重视身体与技能发展的敏感期，运动员一旦错过敏感期将永远无法达到他们潜能的顶峰，即使以后进行弥补性的加强训练也无济于事。很多运动员在期职业生涯的后期进入一个运动水平的平台期，成绩再也无法提高，就是由于在这个发展提高的关键阶段过多地强调比赛而没有得到充分合理的训练。

四、为比赛而训练阶段

年龄：男子 16—18 岁 / 女子 15—17 岁

在之前的两个阶段，运动员已经学会了如何正确地进行训练。这个阶段的目标之一就是学会在不同的情况和环境条件下进行比赛，包括干热和湿热的环境，寒冷及高原环境等。运动员还要学会应付飞行的旅途，适应长途旅行和不同的食物。模拟训练（模仿可能出现的不同的情况）是为了让运动员学会应对赛中及赛前可能出现的各种可预计和不可预计的情况。这样可以使运动员在各种情况下都可以很好的训练和比赛。

在本阶段，应该让运动员学会选择适合自己参加的比赛的基本技巧，并为个人以后的良好发展打下基础。

只有在前两个阶段——学习训练的阶段和为训练而训练的阶段达成目标之后，本阶段的发展计划才能开始。一旦发现还有些什么缺陷（在前阶段为很好地完成）需要立即进行针对性的弥补训练，这种弥补训练越早开始，效果越好。

在为比赛而训练这一阶段，运动员全年都要进行高度个性化的专项训练。现在运动员们的基本技能和网球运动专项技能都非常熟练了，他们需要做的是练习怎样在不同的比赛条件下使用这些技能。重点是通过模拟训练和比赛来使他们达到最佳准备状态。现在，他们的身体训练、恢复计划、心理准备练习和技术提升训练都更加个性化。更强调根据个人的强项与弱点来做各种准备。

（一）运动中的表现特点

理论上运动员们的运动表现可以耐受得住全面训练，所以此时对他们进行测试，可以了解到他们的弱点和还不够成熟的方面。运动员们在各方面的强项与弱点能够帮助他们进行更加合理的有针对性训练。

（二）身体素质间的交互抑制

在大小训练周期中合理安排这些训练内容可以减少各身体素质之间的交互抑制。

交互抑制：在同一小周期内，进行两种或以上的身体素质的训练时就可能出现这些身体素质的交互抑制。发生交互抑制时，任何一种素质的提高都会受到其他素质训练的影响，而不如单一素质训练的效果好。

有氧训练会抑制力量训练的效果，而力量训练对有氧训练似乎没有这种影响。经过长期训练的运动员似乎较少受到同期训练的这种交互抑制的不利影响，并且中等时间的多种身体素质的同期训练（6—8周）可能会出现劣等适应现象。

目前还没有关于力量与速度，耐力与速度，力量与技能水平或者耐力、力量、速度、技能与柔韧性等同期训练的交互抑制现象的研究报道。但是有很多的实践证据表明，除非精心安排，多种素质同期训练时会出现这种交互抑制和不良适应现象。

当然不同时期的训练内容取决于赛前准备期时间的长短。每个时期训练的时间长短和内容都要根据的比赛的安排来决定。

（三）训练与比赛之间的比重

本阶段为比赛而安排的训练与为训练而进行的比赛的时间比例变成了 40 : 60。这 40% 的时间的训练是以提高技术战术水平及体能水平为目的，60% 的时间用来参加比赛，包括以特别训练为目的的比赛。三层次划分训练是运动员在本阶段的最佳训练安排形式。

> **应用实践：**
>
> 各种训练内容负荷的合理安排，可以使得运动员在短期或长期的训练中各身体素质间不会出现交互抑制问题。在本阶段分层次着重安排训练内容负荷非常重要。层次负荷就是教练首先确定运动员急需训练提高的能力，然后在一段时间内重点训练提高这部分能力，而其他部分能力的训练负荷只是起到保持的作用。

五、为赢得比赛而训练阶段

年龄：男子 18 岁及以上 / 女子 17 岁及以上

这是运动员最后的准备阶段，他们的身体、技术、战术、思维和处理问题的能力都日趋成熟了，本阶段训练的重点是帮助运动员达到最佳的运动水平。运动员训练的目标是在大赛中达到巅峰。训练的特点也是大强度，长时间，所以经常安排休息性的防伤练习可以预防运动员出现精神上与身体上的过度训练。

（一）运动中的表现特点

本阶段必须认识到一个基本事实，诊断性的体能测试可以帮助决定身体素质的哪些方面要优先训练，哪些方面只需要保持。由于大赛期间训练量下降，特别要注意保持前期已获得的训练效果。每 7—10 天要进行一次力量训练，每周 2—3 次有氧耐力练习可以达到这一目的。比赛或训练后进行放松跑（整理活动，保持最大心率 70% 活动 30 分钟）可以帮助机体及时清除运动中产生的代谢废物，同时还有助于保持有氧系统的工作能力，所以放松跑应该成为常规。

可以用不负重的活动来代替跑步，如功率自行车，山地或公路自行车，游泳或水中跑等。一些变换的运动方式可以打破日常训练的单调性，增加训练的乐趣。运动员自身的长处和弱点，以及离下次大赛的时间长短决定着训练的内容。值得注意的是，如果一些身体素质或运动能力不能很好地保持或丢失的话，运动员往往不愿意在比赛以外再化时间来重新训练这些能力。弥补缺点很重要，如果不能及时弥补的话必然会使得运动员进入一个平台期，运动水平停止不前甚至下降。这样很容易使得运动员处于尴尬境地：一方面由于缺乏相应的体能水平或技术缺陷而阻碍了运动水平的提高，一方面却又没有时间来提高体能水平或弥补技术缺陷。

运动员的个人倾向常会影响了准备期的长短。长时间低强度的训练准备期对于优秀运动员并没有好处，大强度和高频率是训练造就出顶级运动员的关键。经过这一段（大强度和高频率训练）准备，运动员的体能与运动技术会保持一个相对长的时间。在 10—15 周的训练比赛周期之间，应该及时安排一些恢复措施和短期休息或者防伤的休息性练习。

（二）训练与比赛之间的比重

本阶段训练与比赛时间的比例是 25 ： 75，其中的比赛包括了有特殊训练目的的比赛。

三层次或多层次划分训练是运动员在本阶段的最佳训练安排形式。要经常安排预防性的休息以防止运动员出现过度训练。

> **提示：**
>
> 对于优秀网球选手来说，重大比赛前的最佳准备时间是 10—15 周。要保证足够强度与频率的体能训练和技战术训练，时间不可能再加长了，因为更长时间的这种训练很容易导致运动员的过度性损伤，过度训练，精神或是生理上的过度疲劳等。

六、退役阶段

这一阶段指的是运动员已经永远退出职业赛事以后的时期。在这个阶段，以前的运动员们开始从事一些运动相关的行业或其他职业，包括：教练员、办公室职员、体育管理、老板、教师、传媒工作者等。

从不同地方的网球训练与比赛组织系统的差别来看，以下一些问题可能会阻碍运动员们的下一步发展：

（一）一些当前的赛事系统妨碍了运动员达到训练与运动表现的高峰状态，一些年轻选手为了保持或增加他们的排名常常参加过多的比赛，从长期后果看这对运动员不利。

（二）一些地方上赛事的不合理安排阻碍而不是促进了年青运动员的发展。

（三）在训练的前三个阶段（基础训练、学习训练和为训练而训练的阶段），教练们常常忽视了少年儿童运动员们的心理、认知和情感发育特点，可能导致运动员们在这些方面发育不够健全。

（四）训练的前三个阶段遗留的这些不良后果（特别是学习训练和为训练而训练的阶段对于运动员能否达到其运动发展的巅峰很重要），在后两个阶段——为比赛的训练和为赢得比赛的训练阶段无法得到完全的弥补。

（五）运动员的成绩越好，获得的关注与支持越多。这意味着大多数处于发展阶段的运动员没有得到或只能得到很少的关注与支持。

由于前 4 个阶段（基础训练、学习训练、为训练而训练和为比赛和训练的阶段）的一些缺陷，很多运动员永远不能发挥出他们的天赋，无法达到其运动表现的巅峰时刻。即使对于优秀运动员建立有一套成熟的支持体系，依然不能弥补上面提到体育竞赛体系的这些不足。

（六）运动医学与科学往往不能很好地和运动专项的技战术训练融为一体。

（七）过多的以赛代练活动阻碍了运动员的最佳发展。

（八）从性别的生理特点与发育规律的角度来看，把男子运动员的训练计划拿来用在女子运动员身上是不合理的。

（九）用成人运动员的训练计划来训练年青运动员，同样不合理。因为他们忽视了儿童的生长发育规律。

（十）运动员成长的过程中有一些训练的关键时期，一些敏感期，但是很少的教练能够合理测定（用人类学方法）与利用运动员的体重敏感期、力量敏感期和身高敏感期等不同身体素质与运动能力训练的最佳时期。这样运动员在其发展的关键时期不能得到合理而充分的训练。

（十一）在运动员在发展阶段过多的关注赢得比赛而不是运动员全面合理的发展与提高。

小结

长期发展规划和最佳的体能水平正在成为网球运动员准备期的基石。人们开始充分的利用运动员的生物年龄或者成熟水平来代替时序年龄进行安排训练。鉴别和利用青少年运动员的发育敏感期，也就是各种能力训练提高的最佳时期已经逐渐被人认识到，并成为网球训练理论的重要部分。早期合理科学的训练对于优秀运动员的未来发展非常重要。

第三章　训练的原则和周期

　　运动训练学是将科学体系引入运动专项中，供我们应用这些知识来改善运动表现。以往的运动训练学还不是一门精确科学，但随着科学理论的飞速发展，科学的指导训练应加倍予以重视，这样才能制定出更加合理的体能训练计划。

　　运动员的体能训练原则一直为体育界广泛探讨，但可能在有些时候会被误解或背离科学。对于网球这项运动而言，有许多不同的关于达到最佳状态的原则。其中，有些原则遵循科学规律，有些则不然，本章的目的就在于阐明蕴含在训练原则中的科学原理，而对于那些目前还尚未定论的领域，仅概括其中尽可能准确的理论研究。当然，其他运动专项的研究对于网球运动，一样有着相当重要的借鉴价值。

　　网球运动综合了很多方面的运动能力，如整体力量水平、爆发力、速度、协调性、灵活性以及耐力等等，想要将这诸多方面的能力同时最大化，是非常困难的。但科学的训练原则可以指导运动员在体能训练中获得最大益处。反之，如果训练原则违背了科学，就可能导致过度训练或过劳性损伤，或者不能达到预期或理想的训练效果。

第一节　训练的原则

一、热身、放松和恢复

（一）热身

训练前最常被提到的一个原则就是热身，但关于热身的研究目前还不是很明确，通常，热身被认为可以加速神经传导，增加运动肌肉的血流量以及防止肌肉损伤。

拉伸经常被用于热身，但也可能会产生一个负效应即：减少爆发力的产出，一些研究对此已有论证。Kokkonen 等（1998）经实验研究指出，运动前作静力拉抻，膝关节的屈伸力会下降 1 RM（最大重复次数）。爆发力是在肌肉受到持续压力后迅速产生的，在球类运动前作静力拉伸可能会有两个潜在的问题出现，即肌肉松弛和肌肉轴向回复程度的减少，这些都会导致爆发力的减弱。这也可能是造成网球选手在打球前过度拉伸会降低爆发力的原因，但是这点在网球技术动作，如发球中还没有被论证，仍需进一步研究。此外，在绕臂运动的同时再配合呼吸系统的热身比仅单纯做绕臂运动更能提高运动表现，这就提示网球选手如果在其专项骨骼肌热身的同时，配合呼吸系统的热身，同样也会收到很好的运动效果。

　　Grang & Nimmo（2001）比较了积极热身，消极热身和不热身对运动的不同影响。有自行车专项中，这三种热身方法在运动效果方面并没有显著的不同，而对于游泳项目来说，热身与决定其表现的体温很有关系，如果减少33%的热身活动，那么热身活动对于运动员就没有任何帮助。至于网球运动，研究表明，在训练前或赛前把一些小运动量的活动作为热身运动，对网球选手会有所帮助，包括采用下肢的脚步移动，采用不同步伐、如前冲、侧滑、交叉步、倒退及抬腿跑等；还有采用上肢的正反的挥拍或模拟发球挥拍动作等，都可以使击球的肌肉群得到充分预热。

> **提示：**
> 　　虽然拉伸被认为是热身的一部分，但实际两者是彼此是独立的。积极热身是以一定的强度使用运动中所用到的肌肉群，而被动热身指依靠外界热源提高机体本身的温度。

> **实践应用：**
> 　　在热身过程中，应该采用小幅度的拉伸，避免过度牵伸击球时所用到的肌肉群，否则会降低肌肉的爆发力。在拉伸结束后，选手可以小步伐，小力量击球继续热身，直到活动完所有的击球动作，才能开始正常的训练过程。

（二）放松

　　在运动之后做放松是出于安全的考虑，因为在运动之后，心率、体温、呼吸频率都会升高。如果过快地进入休息状态，血液就会很快进入未梢循环池，从而导致血管迷走神经的反应，还有多理论原因都支持积极性放松。比起突然停止运动，积极休息能更加有将地清除大量运动后积蓄的过量乳酸，作轻柔的拉伸就可以减轻肌肉的酸痛感。

（三）恢复

恢复是为了更进一步的提高，如果没有适当的休息恢复时间，选手就不能适应训练的压力，也可能造成过度训练或过度使用肌肉造成损伤，反之，如果恢复期太长，选手就不会达到理想的运动状态，也就不可能有最佳表现。

恢复不仅指的是每天的，而且还指在训练周期内的，当一个选手长期练习发球而不休息时，疲劳会削弱他的表现，也达不到训练刺激的最大适应性。在耐力训练中，依据训练所要达到的目的，决定每盘间的休息时间，恢复对于提高训练刺激的最大适应相当重要。

二、训练的适应性和特异性

（一）适应性

适应性是指为了满足特定的需要，身体特定系统的功能逐渐得到改善的过程。训练当中的适应性是指机体能够适应施加的适当的压力。长跑可以增强心肺和下肢肌肉群的适应性，从而提高跑步成绩。耐力训练可以提升骨骼骨的适应性，使其产生更大的力量。同样在网球项目中，选手练习发球时，与该动作相关联的肌肉群也在不断适应这种压力，进而增加其完成发球这项技术的能力。

（二）特异性

特异性是指人体在不断地训练中针对不同的训练压力类型而产生的适应性，网球训练的特异性是个具有挑战性的深刻课题，它是一个包含许多生理因素的综合体，很可能对某个运动员的特异性，对另一个运动员则不是。正如在足球运动中，踢中场的运动员和守门员的训练有所不同一样，网球运动中的发球上网型选手和底线型选手的训练也有在差异。从本质上讲，网球训练的特异性就是针对网球运动的需要，在新陈代谢方面和力学方面的特异性。生理方面的特异性也因选手自身的打法，水平、对手的打法以及场地的类型而不同。

1. 新陈代谢特异性

新陈代谢方面的特异性可以通过几个途径表现出来，而且很可能是以下几个方面的联合体。它包括训练间隔的长度强度和休息间隔的长度。基于每次得分球时间的长度，特别是在快速球场上，网球基本上可以看作是一项无氧运动同时在每分球的恢复期又是有氧运动的项目。（Chandler，1990）因此，有氧系统和无氧系统同时发挥作用，关键是有针对性地训练每个系统。在积极休息时期，有氧训练应以长距离的中、慢速跑步训练开始建立一个有氧系统的基础，而在接近赛季前，有氧训练包括高强度，多回合的重复性训练，同时也要有特殊的休息空隔。

特异性有时也可能会被机械地应用于网球训练中。假如你为一名运动员设定的每分球间隔平均时间为 10 秒，休息平均间隔为 25 秒的话，那并不意味着所有的训练每分球间隔都卡到 10 秒，所有的休息时隔都在 25 秒。相反，如果每分间隔是 10 秒，在实际应用中可长于或短于 10 秒，有时可以是 1—2 秒，有时可以是 15—20 秒。在一个时间段内，适当的强度，过高或过低的训练都可以提高新陈代谢的水平，从而为或长或短的每分球做好准备。

2. 力学特异性

力学特异性指选手在场上击球时特异的肌肉活动方式。爆发力的持久性是它的显著特征，表现为在一段长时间内多次重复的爆发性动作，每一次的击球都包含了腿部、躯干和上肢的暴发性动作。根据具体情况，在每次击球前后下肢要完成一定的冲刺或快速跑。击球前下肢动作一般是做爆发性的（向球冲刺），而击球后一般是慢速的（让身体回到场地上适当的位置）。

3. 速度特异性

速度特异性训练是力学特异性的另一种形式。为了提高运动专项速度，训练必须具有该项目动作的速度与力学特异性。Janes 等（2001）学者解释说，运用更大的负荷可以增加爆发力，而低负荷最大加速度可以增加力量，因此，对于力量和爆发力有不同要求的项目应该按照与该项目要求相近的速度进行耐力训练。网球运动要求最大加速度和爆发力，因而，与提高这些技能相关的耐力训练应由轻度到中度在集中的时间段内进行。

但是，也有一些研究者对速度特异性训练提出质疑。Cronint 等（2001）研究了速度训练在无挡板篮球项目中对于过胸抛掷速度的影响，结果表明，爆发力训练组和力量训练组间并无显著性差异。这其中一个可能的因素就在于训练中的速度和实战中的速度有所不同。很简单，你不可能移动一个重物（如杠铃、哑铃等）就像你挥动网球拍这么轻的东西一样快速。

对于不同的运动项目，特异性训练已显示出它在提高运动员力量和爆发力方面的独到之处（Lzquierdo et al., 2002）。如举重运动员和手球运动员比长跑运动员或未经训练的运动员更具有力量和爆发力，这点也充分表明：对于每个运动专项，长期的训练就会产生适应。

全速跑和灵活性训练也可以产生特异的适应性。Young 等（2001）指出，速度很少能转化到灵活性上，接受直线全速跑训练的运动员可以提高速度，但并不太能提高灵活性，而灵活性训练在提高速度方面也收效不大。虽然速度对于网球运动非常重要，但是在一分球的比赛中运动员很少能达到个人的最大速度。因为一分球的比赛过程中包括很多快速的变向和加速运动，一个方向上的冲刺时间太短以至无法达到个人的最大速度。这一研究表明：网球选手训练时应把精力更集中在灵活性训练和变向全速跑上，而非最大速度直线全速跑。

三、训练的个体化

个体化简而言之，就是选手的个体差异。这些差异也包括一些特殊的弱点，在训练计划中也应该被考虑到。当然它也包括选手个人的打球风格，总之，个体化差异包括很多方面的差异，比如生理方面，训练经历，技巧水平、性别、动机等等。

认清个体差异对于制定体能计划是很重要的，每个选手都有独特的技巧和能力，都有不同水平的运动适应性，也都有不同的骨骼肌条件和既往的受伤史，因此，个体化的训练计划能使每个选手都从中受益，但也要遵循一定的规律。首先，依据选手的打球风格，如对于一个严格意义上的底线型选手而言，训练计划应调整为更多重复、更长持续时间、更小强度。而对于一个为草地赛做准备的发球上网型选手来说，训练就要更少重复、更大强度、更短持续时间。当然在大多数情况下，训练应在这两种极端情况之间。

四、训练的多样化

从表面上看，多样性和特异性可能是相互矛盾的，其实不然。那么，该如何选择训练的多样性呢？答案就是：训练员或教练应在特异性的限度内选择不同的练习方式。例如，在提高无氧跑动能力的训练中，可以采用不同的步伐训练形式，在增加胸部力量的训练中，可以选择很多种练习方式，如卧推、俯卧撑，等。应用不同的训练方式可以增加训练的趣味性，运动员就不会感到乏味和无聊，还会刺激他提高运动表现。在某个训练期中，可以针对某个特殊的训练目的采用不同形式的训练方式。

> **提示：**
> 多样化可以防止滋生厌烦情绪，最大限度地挖掘潜能，多样化不仅可以应用于训练中，而且还可以应用于恢复中。

五、训练的专项化

考虑到最佳的运动表现，运动员何时进行专项化训练是一个很重要的问题，这其中有心理因素，如崩溃，也有生理因素，如运动受伤。专项化训练会使骨骼系统针对某一项运动产生特殊的生理适应性。对于年轻的运动员来讲，从事多种运动项目更好些（Watts，2002）虽然，经过专项化训练后短期内的运动成绩会提高，但是关于这点仍有两个问题需要解决。第一，专业化训练可能会引发崩溃，过度训练，负面的骨骼肌适应性等一系列不良后果，这样的风险是否会比短期运动成绩的提高更有吸引力？第二，早期的专业化训练对于其远期的表现是否还有影响，比如说10年后会怎样？虽然每个人都有个体化训练，但如果他们在十几岁后再进行专项化训练，出现最佳成绩的可能性更大。而在此之前，一个全面的科学的训练计划在某种程度上可以代替不同的运动项目，比如速度、灵活性、快速反应训练，耐力训练，有氧训练等等。从这个观点来看，合理的训练计划有利于运动员更快地进入专业化状态。

六、训练的五要素

（一）训练的负荷

负荷是一条非常重要的训练原则，它有明确的界定。如果施加了过量的负荷，就可能会削弱运动成绩，导致过度训练或肌肉过度使用而造成损伤。通常，为了增加最大携氧量（VO₂ max），运动员应以接近其最大耗氧能力的负荷水平进行训练，而如果是为了加强力量，运动员应挑战比他们日常所能承受的负荷更强的负荷。制定训练计划的一个难点就在于确定运动员的训练负荷。既要超负荷，同时又不能引起过度训练或肌肉过度使用造成损伤。只有这样才能达到训练的最佳表现，同时又防止损伤。也就是说，最佳负荷是在不产生过度训练或肌肉损伤的同时，尽可能增加运动负荷，而这个负荷很可能接近于产生过度训练的负荷。很显然，这两者间有一条界线，需要寻求一种精确的评估仪器来测定过度训练的负荷以及产生最佳表现的负荷。

（二）训练的强度

训练强度和特异性是紧密相关的，强度不仅仅是训练时间的长度和休息的间隔，还有在此期间的强度的变化，训练的目的就是在网球专项要求的强度下提高其表现。训练强度在任何训练项目都是非常重要的，无论运动员是实心球练习还是耐力训练或者在球场上练习。

由于主观努力程度（RPE）与心率相关，所有 RPE 在测定网球运动强度上具有潜在的价值。但是测定是在一定条件下的：在短期内以相对较高的强度进行多回合的耗氧运动，然后再休息20秒。应用与运动专项相配合的强度训练可以最大限度地提高运动专项的成绩。

实践应用：

　　心率可以用来测定强度，但特异性指出训练中的心率和赛场上的心率是不同的。

（三）运动量

　　运动量是指训练总量，包括场上和场下的所有训练，监测训练总量的同时也监测强度是监控训练总负荷和预测过度训练的最好方式，场下训练总量是在准备期稍大，而在接近竞赛期逐渐减少，场上训练总量在准备期稍小，在接近竞赛逐渐增大。此外，训练量也要因人而异。

（四）训练的频率

　　训练频率就是每周或每日训练次数。和训练量一样，场下的训练频率在不同时期也因选手的目标不同而异。在接近主要的比赛时期，场上的训练频率会增强，而场下的训练频率会减弱。训练频率依据不同训练类型所预期达到的效果而定。为了达到增强力量和爆发力的目的，每周 3—5 天的训练是必要的，重点队员应以更高的频率训练。

　　训练负荷包括每一种形式的训练，当一种形式的训练频率增加时，其他形式的训练频率就要做适当的调整。这点对于降低可能出现的过量训练，同时又要达到理想的训练效果来说很重要。

（五）训练的密度

　　训练密度的概念是指：运动员单位时间内参加一系列体能训练的频率。它描述了单位时间内体能在训练期和恢复期的关系，也描述了训练在时间上的紧凑程度。对于像网球比赛这样的特殊运动项目，设定合理的运动密度很难，不过典型的网球比赛的比赛与休息间隔可以为我们提供一些有用的信息，适度的训练会提升运动表现，同时还揭示了最理想的训练和恢复的关系，帮助我们挖掘提高成绩的最大潜能。检测训练密度的一种方法就是监测心率。在这种方法中，心率在进行下一个训练回合前应回落到一定的水平，心率回落得越快，运动员进入下一个训练回合的时间就越短，这就等于增加了训练密度和训练总量。利用这种测定方法，还可以决定何时开始一个点或下一个体能训练的回合。

第二节　训练的周期

为网球选手制定体能计划的难点就在于大多数选手不能认识到赛季后仍要做体能训练的重要性，我们有时很难说服运动员做长期的体能计划，也很难让他们认识到"五年内你想练成什么样"比"下周你想练成什么样"更重要，从长远的角度制定计划，可能在短期内会降低成绩，但对未来成绩的最大提高更有益处，正是因为这个概念很难为选手掌握，所以也更有必要向他们解释清楚。

要制订一个科学合理的训练计划，周期性是必不可少的要素，它包括了场上，场下的更加延伸的时间段，掌握周期性的规律，可以在设定的时间内控制训练量和训练强度，从而促进成绩的最大化，同时又可以避免过度训练。

> **提示：**
> 　　网球的周期可被分为四个基本时期：准备期、赛前期、比赛期和休息期。

一、准备期

在这一时期里，选手应把精力集中在总体的运动机能调态上，如有氧耐力、力量、肌肉张力等。网球的训练量可以从中等水平逐渐增加到中等高水平上。更多的精力应该投入体能训练以达到最终提高运动水平的目的。抗阻力量可以由肌肉肥大训练阶段开始，随后逐渐过渡到中等负荷重量的力量增加阶段。如果想在以后的阶段达到本人的最大力量潜能，这个肌肉肥大阶段的训练就非常重要。代谢能力的训练可以逐渐从开始的长跑转过渡到高强度的间歇跑，直到这一时期结束。

二、赛前期

在这个时期里，运动员应逐渐增加场上的训练时间，减少场下的训练量。耐力训练应从力量训练过渡到爆发力训练，利用在准备期蓄积的力量来促进爆发力的生成。力量是肌肉产生的能力，爆发力是单位时间内产生的力。不仅是爆发力的总量，爆发力的速率也关系到运动员成绩的好坏，短程全速跑和灵活性训练可以加速场上的快速反应性。

三、比赛期

这个时期的主要目的就是利用达到峰值的体能来应对年内众多重要的赛事，这个高峰期的大部分时间是在场上，但同时也要有适量的场下训练来维持前两个时期来获得的能量，总之，竞赛期既要维持前两期积蓄的力量和爆发力，又要把精力集中在持续的速度，力量和灵活性的训练上，应尽量避免过量的有氧训练，否则会引起力量和爆发力的下降，这一时期的耐力训练大部分应为爆发力的训练。

四、休息期

在这段时期里，选手应积极活动，避免完全不训练，但也不要打网球。低强度的长跑在这时候非常适合。交叉训练可以帮助运动员保持体形，同时又能达到体力和精力上的双重放松。

提示：

　　线性周期和非线性周期：是源自科学专业知识的周期性的两种形式，线性周期指的是从准备期到竞赛期间，训练的总负荷呈相对线性的形式增长，到竞赛期又回落，而非线性期，日间的训练负荷有相当大的差异，但平均负荷仍然从低到高持续性增长。从科学的角度来看，在优秀运动员的力量增长方面，波动的周期模式优于线性模式，每日都调态训练量比数周后再调整更加有效，每日不同的训练量和强度可以为产生最大力量提供必要的压力。

小结

　　训练原则的应用既是一门艺术，也是一门科学，对教练而言，艺术主是逐渐了解与之共同工作的选手，尽可能多地了解网球运动。科学是动态发展，不断变化的，只有不断地吸取新的信息，才能帮助教练和科学家更好地体能计划。前面的论述是一些指导性的准则，可以帮助运动员达到尽可能好的状态，同时又可避免过度训练和过度使用肌肉而造成的损伤。

提示：

　　为了从新的信息中获益，教练员和选手都应该开阔思路，接受新的观点，不断评估新的信息，然后将其精华应用于实践中。

第四章　协调性

协调性是指肌肉协同或交替的完成截然不同的运动的能力。极少有运动项目像网球一样，对协调性有如此高的要求，因为在相持过程中球不会以同一速度、同一落点重复出现两次，所以节奏感也是必需不可少的，在接发球时，选手的反应越快越好。这意味着反应能力是最基本的要求。当我们在跑动中击球时，选手在快速移动脚步的同时又要避免手臂出现击球动作的仓促挥拍。因此，上、下肢的协调节性也有所不同。在击球时，能跑到正确的击球位置同时又建立一个稳定的支撑基础，然后再迅速回位到另一个位置。这需要具备很好的控制动态和静态的平衡能力。

从肌肉水平这个层面来说，有两种不同的方法可以改善协调性：

1. 肌肉内的协调性：同时激活大部分的运动神经元，来增加肌肉的收缩力；

2. 肌肉间的协调性：促进多个运动肌肉间的协调性。

考虑到中枢神经系统的更高级结构，协调性训练可以提高一些生理机构的效率，这生理机构主要负责信息处理、实施运动、运动适应性等，而这些方面对于复杂的网球项目之来说是非常重要的。

网球运动以其比赛结果的高度不确定性为特征，只有那些懂得通过多种特殊训练获得理想的技巧和体能素质的选手，在有很好的机会来临时，才能成功地到达最高水平。

第一节　协调性训练的多元性

一、多元性的重要性

人在孩童时期天性就倾向于多元性，他们好动、好奇心强、喜欢变化、随时都想接受新的游戏以及和运动相关的练习。

二、协调性训练多元性的意义

根据中枢神经系统的结构，多元性是源自心理的、解剖的、生理的也是发展的观点。

在网球项目中，不能单一地发展所有的协调能力，只有多种多样的协调性训练相互补充，才能建立一个牢固的协调性基础。因此，孩子的训练应集中在与其某种需要相符合的形式上。例如，青年网球选手的身体单侧强壮会导致骨骼肌的不平衡，因此，从孩子很小的时候就尽可能多地进行身体双侧的体能训练。

在女孩 12 岁，男孩 14 岁前，提倡多元性训练，过早的专业化训练，不论是运动，还是艺术等，都会产生相反结果，很可能会限制孩子将来的选择机会。

总之，进行多元性训练的原因在于：

- 完善运动神经的协调性
- 开发机体的"智商"
- 满足与孩子年龄相符的变化的需要
- 发展他的双侧对称性
- 避免肌肉的不平衡

> **提示：**
>
> 孩子不是小大人，不能把他们变成机器人，只要他们享受快乐的要求被充分满足，他们的接受能力几乎就是无限的。

第二节　协调性的技巧

协调性技巧可以帮助选手控制、把握和改善运动节奏，这些技巧在其他的机体特征上也适用。目前，有五种协调性技巧可以提高选手的运动表现，发展理想的网球击球和运动技巧。

一、方位

方位感体现了选手根据特定的活动范围和（或）运动目标在

时间和空间上确定和改变身体的位置和运动的能力。方位感可分为时间上和空间上的，这两种技巧会同时或在不同时间应用，但多数情况是同时应用。例如，当选手去追一个对方的高挑球时，他可以不必真正看球而能快速移动到后场的适当位置，打出一个高质量的回球。在这种情况里，方位感是必不可少的。

二、差异

根据运动的概念，差异就是选手控制内外信息，调整它们并正确使用的能力，同时差异也是转换运动神经传递的信息使之适应新形势或以另一种形势继续的能力。接发球就是典型的上下肢差异的例子。在接快速的发球时，选手需要在快速移动步伐的同时又要缩短挥拍，来回击发球。

三、平衡

平衡与指导和控制所有运动的中枢系统直接相关。我们的感觉与我们的平衡也密切相关，它能让我们明白机体的感受，选手机体的感应性越强，他能感受的机体运动就越多，他的技巧也就越高（Le Guyader，1999）。比如说，艺术体操冠军，他们的机体感应力就高于平均水平，当我们欣赏他们的表演时，就会深深地体会到他们的动静态平衡几乎接近完美，而要掌握机体的感应性，发展运动神经的协调性是必须的。

不管动态平衡还是静态平衡，对于网球选手来说，想要以最大力量击球，务必要让自己的身体处于一个尽可能完美的位置，相反如果选手试图击败对手，那他首先要让对手失去平衡，这样才能拿下这分。

四、反应

反应能力就是快速辨别简单还是复杂的形势，并找到最适的运动神经通路。总之，就是要最快速的行动。当选手被迫截击一个高速的穿越球或接一个时速 200km/h 的发球时，他的反应能力是至关重要的。

五、节奏

节奏感也是一种能力，它是指从外界来源获得并在运动中加以应用的能力。它也是选手表现自己内在运动节律的能力，它能让选手将自己的运动技巧充分地发挥出来。节奏在所有的运动中都扮演着重要的角色，好的节奏可以成就和谐的运动，在比赛后的评论中，经常能听到选手说他们的"时机"好或是坏，其实，所谓的"时机"正是节奏，它对每一次击球都有明显的影响。许多选手很会运用一些策略来打破对手的节奏，如挑高球、降低球速或是上洗手间等等。通常，这些策略都会奏效，让那些处于优势的选手失去原有的最佳节奏。

合理的协调性是完善网球击球和运动技巧所必备的条件，比如在接发球时，协调性能确保身体的各部分处于合理的位置。

> **提示：**
> 　　这五种协调性在网球中会不断地使用，因此网球选手应该从很小的时候就进行这些方面的训练。

第三节　协调性的发展

认知是一个产生信息的过程，认知能力通过信息（认知技巧和知识）、冲动（情感、技巧），执行力（运动神经的能力）对运动神经的反应有直接的影响。"学习决不是使自己能够重复同样的活动，而是要能通过不同的方法找到合适的解决问题的答案。"（Le-Guyader，1999）这句话非常适用于网球，因为选手们必须能够适应球、对手、场地、天气甚至是裁判。那些能调整到最好状态，适应各种简单或复杂形势的人，才是学习最快的人。认知能力包括感觉、预判、执行和评估能力。

认知能力与年龄的增长有着密切的关系。随着年龄的增长，认知能力也逐渐提高。在不同年龄阶段，协调性所表现出来的特征也各不相同（表4-3-1）。

表 4-3-1 不同年龄阶段的协调性特征表

年龄段	特征
4—6 岁	儿童应该掌握几种简单的运动技巧，如跑、跳、投掷、滚、瞄准等，从而为将来理想学习阶段打好基础，提高未来的训练效率。
7—10 岁	儿童应该提高以下能力：反应速度、空间分析、在一定压力下的协调能力，为了提高压力下的协调能力，可以以竞赛或限时比赛的形式进行训练。虽然是竞赛的形式，但也要保证训练的质量。
11—12 岁的女孩 10—13 岁的男孩	这是运动训练的黄金时期，也是协调训练的最好时机，这一时期的突出特点就是孩子们能够学会控制，并组合下列运动能力、分析能力、反应和节奏感，因此训练就集中在发展这些技巧上。在这个年龄段，可以要求他们同时完成几个任务，如双手运不同重量的球，一边侧步跑一边背书。
青春期（发育期）	在这个时期，开始出现形态上的改变，预计身高会增长8—10厘米，这些快速的成长会或多或少地降低协调能力，影响运动技巧，因此，回过头去做一些不太复杂的练习，巩固和提高已掌握的运动技能是很重要的。
成年人或以上	虽然在这个时期，对于学习运动仍有很大潜力，特别是男孩。在这个时期，教练员会发现选手们的运动能力达到一个稳定的状态，但在这个时期或超过这个时期，仍有必要继续进行协调训练，没有任何限制。

第四节　协调性的测试

目前，协调性相对客观的测试有两种，一种方法是采用评估选手灵活性的一般练习作为测试，另一种是采用已使用的运动专项作为测试。

灵活性在网球运动的身体素质中占有重要地位，它可以被认为是"机体的智商"，是所有身体素质的综合产物。这里要强调一个观点：如果一个选手过早地过多地从事专项运动，他日后的发展就会停滞不前，换言之，如果想要达到最高水平，就需要发展不同范畴的运动技能，总之，大多数职业网球选手在其他的运动项目中，如足球、篮球、曲棍球中都有尚佳的表现。

> **提示：**
> 在运动专项训练和尽可能多地发展基础运动技能之间保持平衡是很关键的。

一、一般的协调性测试

障碍测试可能是一个极好的评估选手协调水平的方式。平衡、方位感、差异、反应和节奏练习可以组合起来。

开始时，选手先抛出一个篮球，然后作前滚翻，将球接住。接着，拍着球通过四个标杆的前方，再绕到四个标杆的后方，而后再爬上一个四米长，10cm 宽，20cm 高的长凳上，同时再交换手拍球，紧接着再上一个蹦床，这时可以换一个目标，如果没有篮球筐，可以换成别的固定目标，将球扔向目标物，最后，站在一个固定的位置将球抛向大约 5m 外的结束线，然后跑过去在球落地前接住它。循环次数是不限的，唯一的要求是：在一个测试循环中要有 3—4 项不同的协调技巧。

> **实践应用：**
> 在训练期中，进行综合的灵活性练习是非常关键的，只有这样，选手才能最大限度地挖掘相关的运动技能。

二、特殊的协调性测试

特殊测试就是客观地测定协调性技巧或其他的特殊技巧。随着科技的进步，很多测试被发展并且得到科学证实。

下面是一些和协调性相关的测试：

1. 灵活性测试（反应和平衡）：当电脑屏幕产生一个可视的信号后，从一个踏板跳到另一个踏板，四个踏板在一个正方形的四个顶点。

2. 反应测试（反应、方位感、适应感）：要求选手在看到可视信号的同时，从一个位点向左或向右或向后移动，然后，击打一个离开始位点 3m 远的圆锥体。

3. 手平衡测试（平衡、节奏感、灵巧性、执行速度）：选手站在两个圆柱体中间，拍一个小球，到一个精确的点上（此处装有光电池，可以计数），换手做同样的动作。

第五节　协调性的技巧训练

本节将介绍的几种练习方法，可以同时训练节奏感、方位感、差异、反应、平衡等五种协调技巧。

在做练习规划时，不仅要考虑到选手的年龄和能力水平是否能达到训练目的，而且练习不能设计得太简单，否则选手会失去动力或持久的关注力。因此，教练员要设计合适的难度，渐进的练习模式。

● 练习 1

选手 A、B 站在网的两侧，每人手中拿一个球，选手 A 把球扔给选手 B，同时 B 也将自己手中的球抛过头顶，然后接住 A 的球，并抛回给 A，最后再接住自己刚才抛向空中的球，照此过程不断重复。过程中球不能落地。

● 练习 2

选手 A、B 分别站在网两侧，每人每只手拿一个球，选手 A 把两个球都扔给 B，同时选手 B 也将自己手中的两个球都抛过自己头顶，然后接住 A 的两个球，并抛回给我，最后接住自己刚才抛向空中的两个球，照此过程不断重复，过程中球不能落地。

● 练习 3

选手 A、B 站在网两侧，每人拿一个球，选手 A 手中拿一个球，选手 B 把球放在球拍上，选手 A 把球抛给 B，同时 B 用球拍将自己的球送过头顶，然后把 A 抛过来的球以截击的方式打回去，最后将刚才自己打向空中后又落下的球再次打向空中，如此循环。过程中球不能落地。

实践应用：

在该训练中，不能只看练习的时间长短和重复次数，还可以适当地引入竞争机制，如打一个七分的比赛或者看谁的失误最少，来刺激选手的欲望和提高注意力。

● 练习 4

选手 A、B 分别站在网两侧的发球区内，每人一只手拿球拍，另一只手拿篮球，他们必须在各自发球区内对打，同时还要拍篮球，每次击球中至少要拍一次篮球。

● 练习 5

与练习 4 相同，只是增加了难度，就是在每一次击球后球拍要换手。同时拍球的手也换手。

● 练习 6

选手 A、B 分别站在网两侧的发球区内手中拿着球拍，在击球前，一个选手说"1"或"0"，"1"代表落地球，"0"代表截击球，对手听到后就要按要求回球，这就需要选手按照既定的目标调整自己的击球节奏。选手在击球过程中要确保过网。

● 练习 7

选手 A、B 分别站在网两侧的发球区，每人手里拿球，以向上运动的方式，将球抛给对方，将球抛给对方，对手要在球落地之前接住球并非原位里抛回，他们要尽可能地接住球，不管是高球还是浅球，而且不能连续两次用同一个手接球。

● 练习 8

与练习 7 相同，只是要使用球拍。但每次击完球后不必换手。

● 练习 9：

选手 A、B 在网两侧发球区内，不拿球拍。A 将球扔在本发球内，使其弹起后落入对方的发球区，B 选手需在球落地前接住球，并以同样方式扔给 A，选手接球和扔球必须用同一只手。

● 练习 10：

与练习 9 相同，只是这次使用网球拍，每次击完球后都要换手握拍。

● 练习 11

选手 A、B 分别站在网两侧发球区内，不拿球拍 A 将球扔在本发球区内，使其弹起后落入对方的发球区，B 需在球落地后才能去接球，并以同样方式扔给 A，选手开始规定必须用手接球和扔球，接着，抛接球可交换使用右手。

● 练习 12

与练习 11 相同，只是要使用球拍，规定他们只能打全打正手或者全打反手。

小结

对于儿童来说，像走路这样的简单活动已经是高水平的协调性活动，他开始发展自己的平衡感，步伐节奏和身体的方位感，而后，他需要根据路面情况改变步子、爬楼梯、上斜面、下斜面、适应不平的路面等。随着孩子不断长大，他逐渐发展自己的协调技巧，完成综合了几种协调能力的任务。

网球教练员应尽可能多地进行有趣的、不同的练习，这样孩子们才能在成长的过程中不断发展此项运动所必需的多种不同的协调能力。对于在青春期前的青少年选手，教练员都要把训练重点放在协调性的训练上，此后，可以再考虑其他相关的因素，但是这些阶段的协调性训练也不容忽视，另外，不论选手的年龄和水平怎样，进行多元化的协调性训练对于选手都是有益的。

第五章　柔韧性

长期以来，医生、教练、体能教练以及理疗师一直在灌输这一理念，即网球运动员需要开发其他领域来提高竞技水平，而不仅仅依赖在网球场上的训练。这些领域可以被划分为身体准备、心理训练和营养。在身体训练部分有一个一直存在而且非常重要的组成部分，即柔韧性训练。

柔韧性，像力量或耐力一样，是运动的功能成分，一般被称之为关节的活动范围。发展柔韧性通常是通过各种伸展练习来实现的，在发展柔韧性时应当考虑运动模式的效率。

随着时间的推移，正如身体训练的其他方面，伸展技术已经发生了相当大的变化。科学引领了这些进步，证实了有数种不同伸展练习的存在；所有这些伸展练习都有它们的自身的模式和在特定时间进行练习的效果。

本章节的目的是描述各种伸展练习的形式、在网球巡回赛中伸展练习的实际情况，以及伸展练习的重要作用，以建立起一个纲要，以便指导怎样去做伸展练习，比如说如何、何时、这些伸展练习应达到什么样的程度等。

提示：

　　各种形式的伸展练习包括：动态伸展练习、静态伸展练习、被动伸展练习、本题感受神经肌肉促进练习（PNF）、神经滑行练习、体位伸展练习。

第一节　动态伸展

一、特点

　　动态伸展以爆发反弹动作进行，以便拉长特定的肌肉。动态伸展可以主动自己完成，或者被动地由他人帮助完成。当动态伸展练习运用合理时，在训练或比赛前即刻进行有助于形成良好的肌肉状态和神经动员。一般情况下，比赛前运动员在网球场上做准备活动只进行这类伸展练习。然而，在其他运动中，比如体操、武术，根据训练的安排，动态伸展练习的运用更加广泛。动态伸展技术，是与冲击样伸展相似的伸展练习，只是伸展时的速度较慢，而且没有反弹，也已被广泛的使用。（Ellenbecker，2001）

二、优点

　　一些现代科学文献提倡在比赛前或在极限强度运动前即刻

使用摆动伸展（Alter，1989）。包含摆动伸展在内的准备活动，对参赛选手增加肌肉和身体温度、增加肌肉间的血流量，以及使运动中特殊需要的肌肉做好准备等方面有重要意义。动态伸展练习的支持者在网球运动员准备活动时，也强调相似的理由（Ellenbcker & Roeter，2001）。

三、缺点

由于这些练习是动态的，而且相当突然，练习产生的肌肉张力相当于静力伸展的两倍（Beaulieu，1981），因而可能引起肌肉酸痛、疼痛、甚至肌肉损伤。正因为此，有必要让有经验的人员，指导运动员进行摆动伸展练习前，全面地介绍有关训练和准备的过程。而且，教练员应当意识到上面提及的与这种伸展形式有关危险情况以外其他情况，一些人员认为摆动伸展激活了牵张反射。据说这样做会产生相反的结果，使被伸展的肌肉收缩，而阻碍了伸展过程。其他的缺点是摆动伸展没有提供足够的时间让神经系统产生适应（比如，牵张反射）。

实际应用：

● 典型的摆动伸展练习不会获得长期的柔韧性的改进。摆动伸展的作用是让神经和生理做好准备，应当被作为运动所需准备活动的最后一部分。

● 最常用的摆动伸展练习作用于大腿后群、内收肌、腰部、脊柱和肩部肌肉。网球是用自由挥动的球拍完成击球的，这里提到的躯干和髋部的绕环、摆腿、踢腿和肩绕环等只是几个例子。在做速度较低，而且不存在反弹练习时，这些练习也是动态伸展的模板。

● 这些练习开始时应限制动作的范围，并在数次重复后逐步增加其强度。每个练习应当重复 15-20 次。

● 准备活动中正确的运用摆动伸展练习由以下内容组成：

—10 分钟轻松活动，包括慢跑、追逐、跳跃等

—有选择的、轻松的与网球有关的静态伸展练习

—步法练习（活动模式）

—肩和脊柱活动

—摆动伸展练习

第二节　静态伸展练习

一、特点

　　静态伸展练习网球项目中应用最广泛的伸展练习。在这一练习中，运动员通过使肌肉的起止点的分离，而逐个的拉长目标肌

肉。为了正确地完成这一练习，运动员应当选择正确的身体位置，以便其牵拉更有针对性。当伸展达到适当程度时，肌肉的紧张度增加，并维持 30 到 60 秒（Bandu & Irion，1994）在维持这一姿势的同时，肌肉的紧张度迅速下降，这时运动员应当增加伸展的幅度。

二、优点

静力伸展时肢体的运动幅度很小，因而牵张反射（在摆动伸展时可以被激活）被抑制。静态伸展是一种非常有用的增加关节活动范围，增加肌肉柔韧性的方法。在进行这些练习时，当时间足够长时，就会激活高尔基腱器（肌梭）而导致肌肉放松，因而，运动员完成静力伸展练习与完成摆动伸展练习相比，需要较少的肌肉工作。此外，静态伸展练习的另一个优点是练习可以在任何地点进行，而不需要助理教练的帮助，也不需要任何设备。

三、缺点

虽然静态伸展可以被动地增加柔韧性，但是没有研究证实它与运动所需要的动态柔韧性之间的相关性如何。动态性柔韧性可以被定义为活动中一个关节或多个关节的活动范围（Sobel et al.，1995）。

实际应用：

　　最近在 ATP 巡回赛中完成的一项研究表明：所有的参赛者都做静态伸展练习，只有 75% 的运动员每天进行一次以上的静态伸展练习（Reque，2002）。

　　运动员在训练师或理疗师的帮助下应当养成静态伸展的习惯，经常进行练习，伸展练习至少包含 12 种以上的伸展动作。

　　运动员应当尽可能每天至少进行两次静态伸展练习，最重要的是在训练结束后和比赛结束后。就造成过度训练的可能而言，静态伸展的可能最小，如果运动员愿意做，每天可以进行多达 4 次的静态伸展练习。

　　随着时间的推移，运动员应当适应日常的静态伸展练习，以缓解肌肉张力。某一部位的肌张力升高，可能导致其他部位的肌肉增加。同时，运动员需要维持肌肉良好的伸展与紧张之间的平衡，这对网球的击球和移动是非常重要的。

　　在比赛期间，如果运动员感到肌肉酸痛或刺痛，解决问题的第一步，就是求助于静态伸展，运动员可以在换边时，静态牵伸疼痛的肌肉或肌群。如果疼痛时损伤引起的（疲劳引起的疼痛不同），建议运动员去征求保健师的意见，以避免进一步的损伤。

第三节　被动伸展练习

一、特点

　　研究表明，大部分职业运动员都采用被动伸展练习（Reque，

2002）。为了完成这一练习，必须借助外部的力量。在网球界，被动伸展通常是由体能教练员或教练完成的。体能教练或教练员用力使关节或相关的肌肉，来增加关节的活动范围。

这一类练习是多种多样的，可以静态伸展的方式进行，也可以利用肌肉的收缩—放松技术。在静态伸展时，通常体能训练师移动肢体，接近活动的极限，并保持这一姿势，静止不动。在肌肉抵抗阻力的最大主动收缩后，收缩—放松技术，对完成被动伸展来说是必不可少的。运动员（收缩的肌肉）将会放松，然后肌肉会被伸展到更大的程度，以上过程可多次重复。

准备被动伸展时，运动员需要平躺在地面或按摩床上。通常下肢伸展，先仰卧后俯卧，伸展上肢和颈部时运动员取坐姿。用这种方法来完成静态伸展练习。如果应用收缩—放松技术可以观察到运动员的关节活动范围明显增加（Nonotny，2002）。如果使用静态伸展，伸展的时间应维持 15 到 30 秒；当使用收缩—放松技术时，在 10 秒钟的收缩之后紧接着 15 秒的放松。

二、优点

使用被动伸展方式时，肌肉可以比使用静态伸展时伸展到更大的范围。由于运动员躺着进行被动的伸展（静态伸展），因而是一种运动后放松的有效方法。收缩—放松技术要求运动员付出更大努力，也可以是一种被选的方法。由于被动伸展是由保健师为运动员而做，其温和的特性与按摩治疗相似，在某些情况下，被动伸展练习甚至可以被作为一种理疗方法。

三、缺点

教练或训练师必须特别关注某些特定的肌肉和组织的紧张度，并且限制关节的活动度。如果伸展的速度太快，就会激活牵张反射。同样被动伸展很可能增加损伤的可能，由于活动范围和被动柔韧性之间的巨大差异（比如：运动员自己进行伸展练习与运动员在助手的帮助下进行伸展练习）。

运动员与保健师彼此之间应当完全的理解。保健师在进行伸展练习方面，必须具备足够的专业素质和完善的生物力学和解剖学知识。我们经常可以看到教练员在模仿保健师和理疗师为运动员做伸展，这常常是错误的和危险的。在这些情况下，教练员应当节制被动伸展的实施，直到教练员具备了相应的专业水准，能够保证运动员安全，方法有效，才可以为运动员实施被动伸展。虽然被动伸展可以在地面上进行，但是这对运动员和教练员而言都不是很舒服。

实际应用

● Reque（2002）研究表明：75% 的男子职业网球运动员使用被动伸展方法。

● 然而，用于上肢的被动伸展只有 35%，因而专家认为：应对上肢需要实施更多的伸展练习。

● 完善的被动伸展练习需要大约 15 分钟的时间，应当包括身体所有部分：

下肢

上肢

脊柱

颈部

● 几乎所有的被动伸展练习，都可以与本体感受神经肌肉促进法结合使用。

● 使用被动伸展练习的理想时间是在一天所有的网球训练结束后。

第四节 本体感受神经肌肉促进法

一、特点

本体感受神经肌肉促进法（PNF）1950 年由 Herman Kabat 始创，是一种静力收缩、向心收缩和离心收缩结合的被动伸展活动。一般情况下 PNF 是由保健师操作的，但是也可由运动员自己完成。PNF 练习的神经生理学基础如下表所示。

表 5-4-1 PNF 练习的神经生理学基础表

	生理学基础
肌肉收缩	在 PNF 练习中肌肉的收缩方式有两种：等张收缩和等长收缩。等张肌肉收缩是一种能够产生运动的主动肌肉收缩。这一收缩形式又可被进一步分为向心收缩和离心收缩。向心收缩即肌肉收缩时肌肉的长度缩短；离心收缩即肌肉做控制工作或肌肉在被拉长的过程中抵抗重力。等长收缩是一种肌肉的主动收缩方式，肌肉收缩时不产生运动，肌肉的长度没有变化。
牵张反射	肌肉的牵张反射是预防肌肉伸展得太快或伸展的幅度过大，这是一种防止关节和 / 或肌肉损伤的保护机制。然而，正如在探讨摆动伸展是所提到的，由于激活了肌肉的牵张反射会引起肌肉收缩，正是由于这个原因在做伸展练习时应当避免诱发牵张反射。在实施或进行 PNF 伸展练习时，以温和的方式、较长的时间去完成，对于取得良好的结果是非常重要的。
反牵张反射	反牵张反射是一种继发的反射，教练员和保健师应关注何时进行 PNF 练习。PNF 练习产生与上面提到的牵张反射相反的效果：当这一反射被激活，被牵伸的肌肉放松。有两种方式来刺激这种放松。第一，通过实施温和的维持一定时间的静态伸展练习来实现，上述伸展练习触发局部的肌肉放松并增加肌肉的活动幅度，第二，利用静态伸展后的反射放松。Chaitow（1996）将静态伸展后放松的过程做了如下描述：在静力收缩后肌肉有大约 15 秒钟的不应期，在这段时间内，由于肌肉的紧张度下降，增加关节和肌肉的活动范围相对较容易。

二、优点

已有的科学研究报道 PNF 技术改进柔韧性效果比任何其他伸展技术都要好（Moore & Hutton，1980）。肌肉的静力收缩作为 PNF 伸展技术的一部分，还有助于改善肌肉力量，对于损伤预防而言，具有意想不到的好处（Moore，1979）。PNF 伸展练习放松肌肉、改善被伸展肌肉的血液循环的作用也同样被认为是这一伸展练习的优点（Adler et al.，1993；Cherry，1980）。

三、缺点

为保证运动员在进行这一练习时安全有效，运动员应当有良好的自我动员，并且精力集中。起床就进行伸展练习，对于职业运动员而言可能是困难的，这时保健师或教练员在鼓励和动员作用是十分重要的。需要保健师或教练员的帮助才能完成大多数的 PNF 练习，被认为是这一练习的缺点。同样，PNF 伸展练习比其他伸展方法更复杂，更剧烈，也许是这一练习不太受某些运动员欢迎的原因所在。

PNF 运用多种技术，在运用这些记述时，等长收缩和等张收缩有不同程度的结合，以便取得特殊的效果。在 PNF 所有的技术中，网球职业巡回赛的保健师只使用收缩—放松技术（Bashold & Novotny，2002）。收缩—放松技术被认为是对于提高网球竞技能力最有益的伸展技术。

这一方法要求保健师被动的移动需要放松的肢体直到达到最大范围。达到这一点时，运动员以静力的方式收缩要被伸展的肌肉来抵抗保健师施加的阻力（5—10 秒钟）。在保健师将运动员的肢体伸展到"新"的范围之前（超过保健师第一次做被动伸展时所达到的范围），运动员将放松（10—15 秒），这时运动员将再次进行静力收缩，抵抗保健师施加的阻力（15 秒）。这一过程可以反复进行 3—4 次，随着每次重复，关节的活动范围都有所增加。

实际应用：

● 几乎所有的被动伸展练习都可以使用 PNF 技术。

● 在静态伸展中使用 PNF 技术是相当困难的，但是，在以下几种练习中是可以运用 PNF 技术的，比如股四头肌、大腿后群肌、腓肠肌、内收肌。

● 正常情况下，使用 PNF 伸展练习的最佳时间是在一天训练结束时。PNF 练习需要比其他伸展练习更长的时间、更高的注意力。

● 被动伸展时，每次运动员都可以进行 PNF 练习。

第五节　神经伸展练习

运动员和教练员很少注意进行柔韧性练习与神经系统之间的关系，与神经系统有关的技术只在手法操作和理疗实践中运用。无论很少使用这些技术的理由如何，这些技术都应当包含在网球运动员的伸展训练计划中。

一、特点

我们可以把神经系统看作是一个倾斜的"H"。椎管和脊髓代表中枢，而横梁则由末端和周围神经构成。理解神经组织可以被伸展什么程度，对与掌握最佳神经系统伸展练习范围是必要的。实际上，进行任何伸展练习时都在伸展神经系统。比如，伸展股二头肌同样会伸展坐骨神经和它的分枝，而伸展胸大肌就会伸展臂丛神经。坐骨神经和臂丛神经延长术可以一直追溯到19世纪后期，值得注意的是坐骨神经可以被伸长到15厘米。脊神经具有相似的柔韧度，在充分伸展时，可以被伸长10厘米。

二、优点

由于化学物品或机械刺激，会导致神经组织自身传入感觉敏感增加。其结果是引起在正常情况下运动时不疼痛的神经组织出现疼痛，比如说在踝关节扭伤后。必然的这些组织变得对压迫和伸拉敏感。这时任何能够增加神经组织活动距离的运动，都会遇到由于肌肉痉挛或疼痛所引起的抵抗。脱敏练习的应用有助于运动员减少这种敏感性，进而减少症状。同样，在损伤的恢复期，活动神经组织，使其恢复正常的活动范围，对于预防粘连的形成，预防由周围损伤的组织形成的、与神经结构有粘连的瘢痕组织形成具有长期的作用。任何类似的粘连都会妨碍神经的功能（神经冲动传递），导致运动中疼痛。

神经伸展（NSE），有些作者将其称为神经滑动。Kornberg & Lew（1989）以伸展坐骨神经的方法治疗了 28 名澳大利亚足球运动员。16 名运动员用传统的理疗方法进行治疗，剩余的 12 名进行传统理疗的同时，还进行神经伸展。结果显示在传统理疗和神经伸展治疗组中，只有一名运动员不能参加下一场比赛。这与 16 名只进行传统治疗的运动员的治疗结果形成了鲜明的对照，所有只做传统治疗的运动员，至少每人缺席了一场比赛。

三、缺点

通常神经滑动看上去与静态伸展相似，但是，为了取得理想的效果，神经伸展法包含了一些席位的差别。在进行这项练习时必须极大的关注神经组织精确要求。比如说，当运动员有刺痛感时（进行这一练习时常常伴有刺痛感）应当降低神经组织的张力。随着时间的推移，神经在运动过程中的敏感性降低，在同一伸展范围刺痛的感觉会延迟发生。

实际应用：

● 运动员做这类练习时，应在理疗师或保健师的监督下进行。

● 在训练中或比赛周期间网球运动员至少要安排一次柔韧性练习，特别是针对神经系统的伸展练习。

● 接近极限并且多次重复的神经伸展练习可以反复进行。

第六节　柔韧性训练的相关研究

为了强化并且让教练员更好的理解伸展联练习的方法，以及有关概念，本节将对柔韧性训练相关研究进行简要回顾。

一、持续时间

Bandy & Iron (1994) 对静力伸展柔韧性的增加程度与伸展时间之间的关系进行了研究。47 位伸膝困难的人参加了测验，他们被随机分为 3 组，进行 15 秒、30 秒、60 秒静力伸展。每个受试者每周锻炼 5 次，共持续 6 周。结果证明，30 秒和 60 秒伸展组的柔韧性明显好于 15 秒组。但是，伸展 60 秒组的柔韧性与伸展30 秒组的柔韧性之间，并没有明显的差异。研究者建议伸展 30秒是静力伸展最有效的伸展时间。

二、伸展方法

每一种伸展方法都有不同的特点，在设计训练计划时都不同的作用。比如说，虽然网球运动员已经使用摆动伸展和静力伸展多年，但近期的研究对已经对准备活动时过多的静力伸展提出了挑战。研究表明再这一时期，需要肌肉的能够完成跳跃、弓步蹬起、改变方向等力量，在一段时间的静力伸展之后被减弱了（Cornwell et al.，2001；KOKkonen，1998；Nelson et al.，1996）。已发现运动表现力降低达 20%（Cornwell et al.，2001）。已经找出几种可能的机制，但是，可能最大的原因是静力伸展，与准备活动的真实目标向背，静力伸展练习，通过神经反射放松了肌肉。因而，推荐在进行大强度活动之前或在马上进行比赛之前使用摆动伸展（搭配使用更多的动态伸展练习）。然而，在训练后进行静力伸展练习，对于肌肉恢复到正常状态，这包括恢复肌肉的长度，恢复关节活动功能，仍然是很重要的（Calder，2002）。对于改善关节活动幅度而言，静力伸展、摆动伸展同样有效（Lucas & Koslow，1984），但 PNF 练习比上述两种练习更有效（Willin et al.，1985）。

三、预防损伤

准备活动和伸展练习在预防损伤、改善运动能力方面的作用是运动员在准备阶段十分感兴趣的话题。许多运动员认为在比赛前进行热身练习对于预防运动损伤非常重要的，但是，伸展练习在预防运动损伤的作用更可能是从很好设计伸展练习计划，并长时间进行伸展联系的过程中获得的，而不是准备活动本身。在准备活动进行的典型的肌肉伸展模式，并没有减少与运动有关的损伤发生危险的临床意义（Pope et al.，2000）。这一发现得到了由美国人完成的相似研究的支持。他们的研究结果显示，运动前的静力伸展练习，没有预防下肢的过用性损伤，而训练后的静力伸展练习以及入睡前的伸展练习使下肢损伤减少了 50%（Hartig et al., 1998）。

第七节　职业赛事中伸展练习的应用

研究者在 ATP 网球锦标赛期间，调查了多名经常进行伸展练习的运动员。运动员在职业赛事中进行伸展练习有以下特点：

● 75% 的运动员每天至少进行下肢、躯干的被动伸展，45% 的运动员每天至少进行两次被动伸展练习。

● 上肢的伸展练习相对较少：35% 的运动员每天进行一次伸展练习；28% 的运动员每天至少进行两次伸展练习。

● 所有的运动员每天都进行静力伸展练习；75% 的运动员每天进行两次。

● 只有 20% 的运动员运用收缩—放松技术。

● 70% 的运动员有规律地做按摩，45% 的运动员每周做三次以上的按摩。

● 35% 以上的运动员有体能训练教练陪同；所有教练使用被动伸展练习。

● 只有在保健师陪同的情况下，运动员才采用收缩—放松技术。只有少数人（10%）采用姿势伸展练习。

实际应用：

根据这些发现，必须教育运动员了解进行伸展练习的极端重要性，在这一过程中，使他们从小通过很好设计的伸展练习，习惯有规律的伸展练习。

通过这种训练，运动员将允许他的保健师更好实施伸展练习，使伸展练习更符合运动员的实际需要。作为身体训练的成分，柔韧练习计划应当针对每一位运动员的而设计，通过形式多样的练习，运动员的柔韧性就可以逐渐得到改善（任何肌肉紧张或潜在的肌肉紧张将影响运动成绩）。

被动伸展是最好的改善柔韧性的一种方法，运动员在进行这一练时，得到了教练员和体能训练师良好的帮助。在进行静力伸展练习时，练习的多样性是非常重要的，理想的计划应当包括12—15项常规练习，以及零星的不熟悉的练习和其他运动员需要的练习。

与以前相比，柔韧性训练的方面的信息取得了巨大的进展，但是，无论是在理论方面，还是在实践方面，都有巨大的提升的空间。那些柔韧性练习方法对提高竞技能力发挥了不同的作用，应当努力地将它们推广到每一位运动员的柔韧训练计划中去。

小结

通过深入观察，这些方法通过多种方式得到了最好的运用，比如在一天开始的时候或在宾馆的房间里进行轻微活动后进行的静力伸展。在比赛和训练之前，热身练习中应当包括摆动伸展练习，而在训练或比赛以后推荐进行静力伸展。如果一天之内有第二次训练，也应按照以上的顺序进行，在一天的比赛训练结束后，理想的是进行较系统的被动伸展练习。而且要根据运动员想要实现的目的，去选择适宜的方法。

第六章　耐力

第一节　耐力的重要性

一、有氧耐力和无氧耐力

有氧和无氧耐力在网球比赛中时尤为重要。通过对高水平男子网球选手在训练中使用的耐力训练法调查发现，训练的强度、密度和时间等方面的刺激通常会超过选手们比赛时的生理需要（Weber et al., 2002）。因此，耐力训练不仅仅在提高竞技成绩方面扮演重要的角色，同时也是实现和保持高质量训练所必需的。

> **提示：**
> 有氧和无氧耐力被网球教练员看作是仅次于速度和灵敏的重要体能素质（Ferrauti et al., 2002）。

二、基础耐力和专项耐力

理论上说，基础耐力应该与专项耐力区分开来。值得注意的是，无论哪一种有供能要求的运动项目要想获得好成绩，都需要具备良好的基础耐力。在网球专项训练中，研究人员发现运动员训练后体液酸化程度和无氧阈之间存在相关性，即使是基础耐力水平相近的运动员在面对相同的训练刺激时所表现出的生理反应也是完全不同的（Ferrauti et al., 1999），这说明专项耐力在一些运动个体中占据着重要的主导地位。

Hollmann & Hettinger（2000）提出的基础耐力后来被称为一般有氧动力性运动耐力。这一概念描述了与主要依靠有氧供能的大肌群运动所需相联系的抗疲劳能力。无论竞技水平如何，这种耐力对于所有运动员都是非常重要的。基础耐力不仅可以帮助运动员在训练和比赛中提高运动成绩，还有助于运动员增强恢复能力，这种能力的恢复体现在：

● 在训练和比赛的每个回合之间的短时间休息。

● 在同一天的两堂训练课之间需要中等长度的休息。

● 在大满贯赛季中的两场长时间比赛之间需要长时间休息。

从医学健康角度来说，业余选手具有较高的基础耐力水平，同时也可以给健康带来很多的益处：

● 降低患冠状动脉性心脏病的风险。

● 降低代谢紊乱的风险（高胆固醇血症和糖尿病）。

● 提高了免疫系统的稳定性，降低对感染的易感性。

拥有高水平基础耐力可以明显有助于提高一般身体素质，以及更有效地整合日常心理、生理负荷，提高竞技能力。

> **提示:**
>
> 　　网球专项耐力与运动的短间歇特征紧密联系。网球运动的能量大部分通过无氧非乳酸代谢途径获得、一小部分通过无氧乳酸代谢途径获得，因此能量的获得也同时依赖于高能磷酸原、高效的心功能和高速的糖原转运。这些代谢途径的效率在一定程度上限制了运动员竞技能力的发挥，在高强度的训练和比赛过程中更是如此。从神经肌肉的角度看，专项运动肌肉组织（例如击球手臂的肌肉）的抗疲劳能力对于运动成绩尤为重要，尤其是在长时间的比赛中。另外，从心理学角度看，很多教练员同时强调了运动员在比赛中对生理应激的承受能力以及意志力的重要性。

第二节　网球比赛中的供能系统

一、供能的特点

运动员在网球比赛中以全身肌肉系统非周期性、短间歇供能为特征，主要表现为高强度间歇性做功和短时间高强度的做功（Bergeron et al., 1991；Elliott et al., 1985；Ferrauti et al., 2001；Weber，1987）。例如，运动员在红土场地上进行的每一分球时，实际高强度做功通常为3—10秒（草地上大约为一半），而实际运动时间大概占比赛总时间的 20%—30%（红土场地），在硬地场地上是 10%—15%。例如，世界上两名优秀的红土场地选手库尔滕和费雷罗在 2001 年法国网球公开赛半决赛中，每次得分的平均运动时间仅有 7.3 秒。底线击球是职业红土场地比赛中最为常见的击球方式，大约占到实际运动时间的 60%；其次是发球和接发球，大约占实际运动时间的 32%；接下来是截击球约为 5%、其他类型击球（挑高球和高压球）约为 3%（Weber，1987）。

二、移动距离和击球状态

运动员在红土场地上比赛时，大约有 80% 的底线击球跑动距离不超过 3 米，运动员大多数情况下能够在保持良好的站定姿势下进行击球。另外，大约有 20% 的击球，运动员在击球准备过程中则会面临不同程度来自时间的压力。这其中大约有 10% 的情况是运动员需要跑动大约 4—6 米才能击到球，而击球时不能保持良好的站定姿势（跑动中击球）；其余 10% 是运动员在完全冲刺的情况下完成的，或者击不到球。在时间紧张的情况下，与站定姿势下相比较，击球失误的发生率升至 3.5%（Ferrauti et al.，2002）。

三、能量代谢的特点

运动中肌肉的能量主要由高能磷酸化合物 ATP（三磷酸腺苷）

和 CP（磷酸肌酸）以及糖原和脂肪的氧化进行供给。网球职业运动员的平均血乳酸浓度相对保持较低水平（介于 1.8—2.8mmol/L之间），即使在实际比赛情况下也仅有微小的增加（大约上升0.5—1.0mmol/L）。仅有 10% 的个体在监测下血乳酸达到了 5—8mmol/L。这种无氧低乳酸供能的表现是由普遍的短回合特征所决定的（超过 80% 的得分，每一分钟每名运动员的击球数量不超过 4 次），但长回合（每一分钟每名运动员的击球数量超过 8 次）相对较少，在所有回合中不足 3%（Bergeron et al.，1991）。

> **实际应用：**
> 在正常比赛条件下，回合间的休息时间以及交换场地的时间通常足够 ATP 和 CP 储量恢复。

四、能量的来源

网球运动的供能首先由碳水化合物完成（约为 70%—80%）。在总能耗或耗氧量相同的情况下，网球运动中碳水化合物供能的比例高于跑步（Ferrauti et al.，2001）。脂肪代谢会随运动时间延长而增加，通常情况，在进行第三盘比赛时脂肪代谢可以达到供能的 40%（Ferrauti et al.，1998）。女子运动员的脂肪氧化代谢略高于男子运动员，这可能是由于女子运动员由肾上腺素刺激的糖酵解和肝糖原分解较低，并且慢氧化型肌纤维更多参与工作造成的。男子网球运动员（体重 80kg）的总能量消耗大约是 600 千卡／小时，女子网球运动员（体重 65kg）为 450 千卡／小时（Ferrauti et al., 1998)。

第三节 基础耐力训练

在诸多项目当中，跑步更适合于网球运动员。首先，跑步的移动技术更贴近于网球运动的要求，并且没有额外负重。其次，跑步可以根据训练目的调整训练强度。基础耐力能力的发展也可以通过其他运动项目的训练来达到同等的效果，但在进行训练时，需要注意的是这些项目应该符合大肌群参与工作、动力性运动且技术容易掌握。

一、基础耐力训练的方法

持续性训练法可以有效地提高基础耐力。根据刺激的强度可以分为一般持续性训练和强度持续性训练。在安排训练和计划训练阶段时，一般持续性训练在时间上要多于强度持续性训练，组成基础耐力训练的主体。推荐的训练持续时间为30—60分钟（包括热身和放松）。能量供应主要通过有氧代谢，平均血乳酸浓度为 1.0—2.5mmol/L，脂肪代谢在能量转化中通常占据相当大的部分（40%—60%）。

> **实际应用：**
>
> 　　网球运动员在进行耐力训练时需要注意连续性，同时还需要适宜地安排基础耐力、半基础耐力和专项耐力的时间周期。

（一）一般持续性训练

　　一般持续性训练在耐力训练阶段应该每周进行 3—4 次，赛季中应该每周至少进行 1 次，这样的安排可以保持有氧代谢系统的适应效应（线粒体数量增加、有氧代谢有关酶的修饰、毛细血管网扩张，以及在次大强度练习时碳水化合物动用减少）。一般持续性训练也被用作强度训练或比赛后的恢复方法，此时，跑速应该降低，时间也应该相应缩短。

（二）强度持续性训练

　　强度持续性训练会引起血乳酸浓度升高，反映了有氧和无氧代谢转换过程中产生的乳酸水平（2.5—3.5mmol/L）或者所达到的最大血乳酸稳态水平（3.5—5.0mmol/L）。强度持续性训练课一般为 20-30 分钟。在强度持续性训练后通常要安排一次一般持续性训练（至少 2 周），且强度训练每周不宜超过 2 次。强度持续性耐力训练是提高最大摄氧量首选的方法，并且对运动员的意志力以及精神耐力的培养都有积极的作用。

　　运动员建立有氧基础通常采用一般持续性训练。网球初学者在最初的几周基础训练阶段应从快步走开始，当能够完成至少 20—30 分钟快步走以后，再适当加入短时间跑（比如 2 分钟快步走、2 分钟跑步）。只有在系统训练 6—10 周后，才能够进行连续跑，在训练中可以选用不同方法来控制运动强度。

二、训练强度的控制

（一）跑速控制

在制定训练计划前，建议给运动员进行一次运动能力诊断试验，通过诊断试验可以分析出个体心率/乳酸－成绩曲线（Heck et al.，1983），进而获得进行一般或强度持续性训练所需要的个体信息。

用跑速来控制训练可以在 400 米跑道或其他户外区域进行，但需要知道跑步路线的精确距离。由于在跑道上跑步是非常单调的，可以考虑在野外绘制出精确的跑步路线。如果无法获悉路线的距离（比如在比赛场地进行训练），建议使用心率表来控制强度。

在实践中发现，用跑速控制训练强度这种方法在儿童和青少年阶段较为困难（Tanaka et al.，1985）。因此，在制定训练计划时要先与运动员进行沟通，并将运动员的体能状况考虑在内。

（二）心率控制

在成为优秀的网球运动员前是很少有机会能够参加递增跑台试验并将测定血乳酸作为运动能力分析和训练控制的依据。因此，很多人会通过依靠公式计算来推算出各年龄段训练时的理想脉搏（Karvonen & Vuorimaa，1988）。脉搏可以直接在颈动脉测得，无须借助仪器，简单易操作。测量的位置在下颚下方，颈后部肌肉的前方；或在腕部测量桡动脉。有经验的运动者可以一边跑一边进行测量。教练员还有测量运动后即刻脉搏来评价运动强度，在实际操作中仍然推荐使用心率表作为训练强度地精准控制工具。

运动员在运动时心脏的反应也有个体差异。儿童和青少年更是如此（有些个体心率达到180—190次/分时感觉仍十分轻松），且女性在同样的次大训练强度下心率会更快（Hill et al，1998）。在使用公式计算训练心率时应将与年龄有关的最大心率以及安静时心率的个体差异考虑在内（Karvonen & Vuorimaa，1988）。职业网球运动员的基础耐力训练心率应分别为"心率储备"的70%（一般持续性训练）和80%（强度持续性训练）。

注：心率储备定义为安静时心率（晨起或完全休息5分钟后）与最大心率（男性为220－年龄，女性为226－年龄）之差。心率储备加上安静时心率后，以其百分比来计算个体运动时的理想心率。

> **提示：**
> 　以公式计算为依据的训练控制有一个主要问题，就是缺乏对安静时心率和最大心率的准确测定，必要时应在实践中进行验证和调整。为使训练效果更有个体针对性和更适应一般和强度持续性训练的要求，教练员应让运动员使用主观强度感觉表（RPE）。

（三）呼吸—步法节奏控制

呼吸—步法节奏（SBR）是一种灵活、简便用来实现和保持基础训练阶段设定训练强度的控制方法。这种方法与代谢特点紧密相关。研究显示4/4节奏（四步一呼、四步一吸）的跑速时血乳酸维持在2—3mmol/L，因此，被推荐作为一般持续性训练的默认方法，3/3 步法节奏则被认为是强度持续性训练的上限强度（Buskies et al，1993）。

呼吸—步法节奏控制这种方法的优点在于不需仪器的帮助，适合在户外使用，另外，成绩变化与一些因素如天气高温、高湿有关。但这种方法也有一个缺点，就是运动员会不由自主地加快呼吸节奏来抵抗摄氧不足的不适感（使用两步一呼、两步一吸），由此，会造成强度控制的不精准。

（四）主观感受控制

有经验的运动员通过多年的训练已经获得了足够的生理和心理感觉，他们能准确地感受到强度的变化，并能够通过身体将训练强度控制在一定范围内。初学者可能很难做到这一点，但也可以用相对简单的标准来进行把控，如跑步时不出现呼吸困难这一现象来防止训练过度以及确保强度在一般强度范围。

第四节 网球一般耐力训练

一、法特莱克训练法（一）

方法与要求：准备活动慢跑及柔韧练习 5 分钟。快速跑 1 分钟→匀速跑 3 分钟→竞走 5 分钟→慢跑 1 分钟→逐渐加速跑 3 分钟，直到极限后在坚持 1 分钟→放松跑 5 分钟→极限跑 100 米→

慢跑 5 分钟。练习 2—3 组。

二、法特莱克训练法（二）

方法与要求：绕网球场地慢跑 5 分钟。快速从场地的双打边线移动到另外一条双打边线跑 1 分钟，85% 强度→轻轻跳跃 5 分钟→从底线到网前的往返极限快跑 2 分钟→慢跑 5 分钟→上网截击放小球和往后跑高压或回击穿越球总计 3 分钟（速度不能下降）→慢跑 5 分钟。练习 2—3 组。

三、组合式间歇跑

方法与要求：30 秒慢跑→15 秒 75% 强度跑→5-8 秒 100% 极限速度跑→30 秒慢跑，连续不间断循环跑，总计 30 分钟后休息并做整理活动。或加速跑 30 米，慢跑 30 米→加速跑 50 米，慢跑 50 米→加速跑 80 米，慢跑 80 米→加速跑 100 米，慢跑 100 米。注意练习中只能慢跑不能走动。总距离 2 公里或总时间 10-30 分钟，练习结束后休息 10 分钟以上恢复体力。

四、渐增式间歇跑

方法与要求：慢跑 30 米后冲刺跑 10 米，重复 10 次→慢跑 40 米后冲刺 15 米，重复 10 次→慢跑 50 米后冲刺 20 米，重复

10 次→慢跑 60 米后冲刺 25 米，重复 10 次。

五、阶梯变速跑

方法与要求：在场地、田野或是公路上，用不同的速度跑 3000-4000 米。采用阶梯式变速方法，如 10 米快 +10 米慢跑回 → 20 米快 +20 米慢返回跑 → 30 米快 +30 米慢返回跑。

练习负荷：强度为 60%—70%，总时间为 30—40 分钟。

六、组合式间歇跑

方法与要求：5 个 800 米 75% 强度，组间休息 3 分钟 → 10 个 20 米 85% 强度，组间休息 3 分钟 → 5 个 200 米 75% 强度，组间休息 3 分钟 → 5 个 100 米 90% 强度。

七、变速跑

方法与要求：运动员在田径场地内直道极限冲刺，弯道慢跑，总计跑 10—15 圈。

练习变化：运动员可以直道慢跑，弯道冲刺。

八、极限跑

方法与要求：准备活动 5 分钟→ 1000 米极限跑，即从开始就以 100％强度跑，直到最后。

九、组合式间歇跑

方法与要求：10 分钟匀速跑，心率为极限心率的 75％→ 5 分钟 100％强度冲刺跑→ 5 分钟各种姿势的慢跑。重复以上练习 1—2 次。

十、组合式间歇跑

方法与要求：运动员在沙地上跑，50％强度跑 20 秒，慢跑一分钟→ 70％强度跑 20 秒，慢跑 1 分钟→ 90％强度跑 20 秒，休息 1 分钟。连续 8—15 个循环跑。

第五节　网球专项耐力训练

一、使用发球机进行专项耐力练习

方法与要求：发球机选择性向左角和右角发球（频率为20—22个球／分钟）。两名运动员交换接球，每人连续接3—6个。第3名运动员捡球。要求：运动员要把所有球都打过网。练习持续时间为大约每名运动员20分钟。

二、4名运动员对打

方法与要求：场地两端分别站两名运动员。一方的运动员只打直线球至底线，另一方的运动员只打斜线球。两组双打的路线都是目标区域。每个运动员连续打2个球。要求：练习持续至少10分钟以上。

三、三角游戏

方法与要求：一名运动员站在反手角的位置发球，将球向左或向右打出。第2名运动员尽力回球给第1名运动员。要求：练习要在 8 组以上。

四、"风挡"练习

方法与要求：教练员或运动员选择性地给站在中央位置或底线位置的运动员喂球，后者沿底线跑动选择正手或反手将球击回。打凌空球的运动员也选择正手或反手将球凌空打回。要求：练习要在 8 组以上。

五、凌空传递

方法与要求：教练员向左或向右给短球。运动员站在底线位置，必须向前跑步打凌空球，然后退回底线另一侧。要求：3—4名运动员，练习持续时间 5 分钟以上。

六、模拟赛

方法与要求：不带发球的网球比赛，使用乒乓球比赛的计分方法（打至 11 分、15 分或 21 分）；回合从一个落地球开始。不允许在发球区打凌空球。要求：采用三盘两胜制。

第七章　速度和灵敏性

网球技术的变迁将加速该运动本身的发展，并不断提高运动员的身体素质，与此同时，掌握高水平技术的娴熟程度仍是有效地完成各种动作和击球的关键。因此，网球运动员需要不断提升自己：

● 快速完成各种运动形式：这样做的目的是为了在非常短的时间内以及在各种不同距离的情况下完成动作（即：加速，减速，改变方向，击球）。

● 精确地完成动作：运动员需要及时调整网球飞行轨迹的各种参数，确保最合理地击球，同时也需要做出高效率的反应，这样的话，动作才能协调，最节省体力。

> **提示：**
> 训练的状况应该是便于同时提高速度和灵敏性，为运动员在场上提供经济有效的运动。

在本章节中，强调提高"速度和灵敏性"身体技能是取得优异成绩的决定性因素。提高这两项技能应该是教练员首先考虑的问题之一，也是年轻网球运动员训练的核心内容。因此，在"速度和灵敏性"方面，教练员应给运动员最精确的信息，并建立评价过程，尽可能准确地给出这些信息。若想寻找到动作的高效性则需要运动员保持良好的身体状况（即：身体健康）。这也反映出那些正准备成为网球精英运动员们所需面对的困难之一。

第一节 速度

一、定义

速度是指完成动作的个人能力使身体或身体的一部分在不疲劳的情况下，在极短时间内尽可能快的移动（Pradet，1996）。

速度通常就是我们提到的移动。然而，速度不仅受下肢而且还受上肢的影响：放慢速度的概念涉及下肢收缩速度，而加速的能力则要用到身体的各个部分相互配合。因此，身体训练应整合和考虑所有影响速度的因素（表 7-1-1）。

二、组成部分

为了提高加速和减速的能力，教练员需要考虑以下三个部分：

● 速度的反应

● 肌肉的收缩速度（加速能力）

● 身体移动的频率

这些部分并不总是单独起作用，通常随着复杂程度的改变这些部分应该考虑并入到协调性练习中。

表 7-1-1 发展速度的组成、原则及训练方法表

组成	原 则	训练方法
反应速度	伴随专项运动过程的全面交替和变化式的发展计划： · 使用各种信号，动作，完成速度和战术的角色； · 网球专项应用。	· 伴随强度的改变提供不同类别的信号（声音，触觉，听觉）； · 规定各种开始姿势； · 根据信号类型做不同动作； · 在高速情况下移动的技术质量（如下坡跑）； ·组织竞赛场景，要求设计多种策略。
收缩速度	伴随专项运动过程的全面交替和变化式发展计划： · 生理方面； · 心理方面。	· 在力量训练中重点培养爆发速度； · 在专项姿势下全面交替（这点与在力量训练练习过程中动用上、下肢肌肉群有关）； ·提供集中练习和完成"心理—想象"练习。
身体移动中的收缩速度频率	伴随专项运动过程的全面交替和变化式发展计划： · 扩大活动范围； · 提高有效因素。	· 改变运动频率（快、慢、快等）； · 通过适应环境和使用合适的器械组织超频场景； · 提高步伐的敏捷性，骨盆活动的稳定性和合理使用非持拍肢体。

实践应用：

运动员在哪些情况下需要取得高质量的成功？

● 在运动员试图做出快速的启动时；

● 在运动员高速完成运动形式和变换方向时；

● 在运动员减速几步后使他更合理触球时；

● 在运动员选择合适的时机使他能在底线更有利击球时。

第二节 灵敏性

一、定义

灵敏性是高效表达运动员运动的能力（Pradet，1996）。也就是能很快地学会新动作，能精确放松地完成动作，所用的肌肉能量是最小的。它是多种运动技能和身体素质在运动中的综合表现。

灵敏性是一种素质，通常在有天赋的运动员中被认为是非常珍贵的。他们在打球时很容易就给人留下这样的印象，他们"出生时手里就拿着网球拍"。但我们对这种素质相对缺乏认识，而且没有有效的方法去发展它。也就是，有时教练员会忽视这种素质。

在实际训练过程中，发展灵敏性也面临一些困难：

1.灵敏性是多种技能的综合表现

因此，对教练员而言设定合理的优先发展计划是很困难的。

2. 灵敏性显示出一定的特殊素质

发展这种素质似乎是网球专家的责任而不是体能训练师的责任，这种思维方式意味着早期的专项训练会使发展动力潜能的速度放慢，而且在未来的日子里这种能力的进步也是很有限的。要想达到高水平的训练，则要求发展多样化的训练模式。

3. 相对缺乏教学实践

哪一种互补形式能将网球的专项需求和常规的身体技巧有效地结合起来。因此，教练员要帮助运动员学习更广泛的运动技巧，这有助于以后从事更多的专项学习，然后观察他们对刺激的适应能力，为以后发展专项技能做好准备。

二、组成部分

我们如何来解释运动员的灵敏性呢？

1. 当运动员做预测时

运动员在"解读"某场比赛时，他不能被对手打得失去防守，他应该在准备和组织运动时体现出灵敏性技巧，他要立即调整位置并选择恰当的方法去解决问题。

2. 当运动员收集信息时

主要通过看和一少部分听，当然良好的本体感受性是必需的。

3. 作决定策略时

运动员通过预测对手的意图来做出选择（特别是在回球的时候），预测是复杂的策略，它基于以往的经验和观看对手比赛的录像。这些策略是专家级运动员的特征，但可以通过学习来获得。

在对手击球时，一个运动员要对对手的意图做出预测，预测他的动作并使自己处于最强有力回击的位置（攻击或防守型运动员的角色）。这种能力主要是建立在既往经验上，但它也可以从不同情形的经验中获得。

4. 运动员协调身体姿势和运动时

运动员的移动要保持顺畅和平衡，有效控制运动的结果是保持顺畅的运动和肢体的摆动，同时姿势的调整要整合到动力原运动之中。

在各种训练和比赛情境中要把这些姿势调整（动力平衡）整合到技术技巧的学习过程中，选择最有效的策略直到在姿势和运动之间确定出一种更为有效的协调性。

在击球过程中都需要保证身体姿势到位精确而且具备调整性，这样才能保证运动员将球打在预期的位置上。

当运动员处于非常关键的比赛时，教练员常常会发现运动员灵敏性素质有所减退。运动员看起来瘫痪一样，他不能再像过去一样，自信放松地去击球，这种情绪上的压力极大的影响他技术的发挥，变得缩手缩脚。如果当运动员在关键时刻对自己的技术充满信心，则能显示出高水准的灵敏性。

表 7-2-1 发展灵敏性的组成、原则及训练方法表

组 成	原 则	训练方法
移动的协调性	扩展运动的范围和提高专项技巧： · 不同动作和不同时间压力情境； · 连续或同时完成这些动作； · 同时完成几个动作。	· 不同基本运动形式的自动化； · 提供不同强度或类型的信号和各种不同的开始姿势； · 同时完成几个动作。
移动的精确性	扩展运动的范围和提高专项技巧： · 增加操作要求（从空间、时间、和动力学观点上）。	· 减少错误和 / 或减少动作时间； · 消除参照点、更改平衡、引入新设备。
节省体能	扩展运动的范围和提高专项技巧： · 动作自动化； · 发展柔韧性； · 控制肌肉紧张度。	· 增加重复次数和 / 或要求（不同难度）； · 柔韧性练习（动态的、静态的和 PNF 等）； · 运用处理能量的技巧（瑜伽、自生训练，念动等）。
完成运动的可信度	扩展运动的范围和提高专项技巧： · 动作自动化； · 调整能力。	· 在体能上创造出一种"前疲劳"状态（非乳酸，乳酸，有氧）；在意识或情感水平上减少允许尝试的数量和挑战。

三、步伐灵敏的重要性

脚是用来传递运动员推动地时产生的力，因此，步伐的灵敏性在原则上定义如下：

● 脚通过屈和旋前传递力的能力。

● 在脚的各个部分强有力地扩散提供下推离地动作的能力。

教练员经常可以观察到在运动员中存在步伐灵敏性的差异，他们中的一些人很快就能显示出高质量的步伐，而另一些人则需要在前几步，双脚的稳定性，以及在变换方向时却几乎要摔倒等方面需要花费些时间。

四、发展步伐灵敏性的目的

发展步伐灵敏性的目的之一就是要运动员在网球运动中可能出现的各种姿势下产生有效的下推离地作用。仅发展下肢肌肉群的功率（力量与速度的乘积），而不发展新产生的力是毫无意义的，这些新产生的力通过下肢的肌肉群和关节可以被有效地传递。一般来说，这需要这样的能力：

● 步伐姿势的精确。

● 用脚的各个部分和支撑关节能做出更有效的动作（在击球和运动时脚的姿势）。

确保有节奏的运动也是一个重要因素，另一个重要因素则是运动员移动的质量。

实践应用：

为了发展运动员步伐的灵敏性教练员应该重点放在以下三个方面：

- 足部的本体感受。
- 协调性（各种姿势 / 脚的摆放）。
- 肌肉的力量。

五、步伐灵敏性的练习方法

（一）侧向往返滑步练习

方法与要求：在场地上沿一条直线放 9 个标志物，间隔 1.5m，定点移动。即如图 2-2-1 所示由 1 出发按以下顺序进行移动：1—3—2—4—3—5—4—6—5—7—6—8—7—9，然后返回：9—7—8—6—7—5—6—4—5—3—4—2—3—1 往返一次为一组，重心要低，变向要快。

① ② ③ ④ ⑤ ⑥ ⑦ ⑧ ⑨

图 7-2-1 侧向往返滑步练习示意图

（二）Z 字形侧滑步练习

方法与要求：在场地上沿 Z 字形放置 6 个标志物，间隔 4m，定点移动。即如图 7-2-2 由 1 出发按 Z 字形，分别侧滑步绕过标志物并返回起点，往返一次为一组，重心要低，变向要快，可持拍或空手练习，交替使用双足启动。

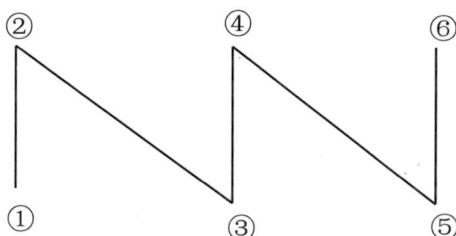

图 7-2-2 Z 字形侧滑步练习示意图

（三）左右移动 + V 形法练习

方法与要求：如图 7-2-3 所示，运动员在两个红色标志间来回滑步移动，听到教练员的口令：黄的（或红的）就迅速向黄（红）点移动并完成击球挥拍动作。要求：向前的速度快，引拍的速度快，把握好机会。先用 1—2 个大步移动到位，再用小步调整身体重心与姿势。优秀运动员技术不尽相同，但要保持身体姿势和头部位置（正中）。

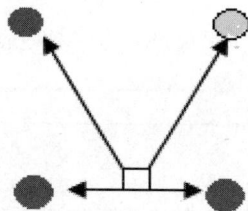

图 7-2-3 左右移动 + V 形步法练习示意图

（四）前后移动 + V 形法练习

方法与要求：如图 7-2-4 所示，在底线前约 3 米设立 2 个标志，相距约 3 米。运动员站立在蓝色处，教练员站对面。运动员先半蹲位向后小跳三步，同时注意听教练员的口令：黄的（或红的）就迅速向黄（红）点移动完成击球挥拍动作。要求：向前的速度快，引拍的速度快，把握好机会。

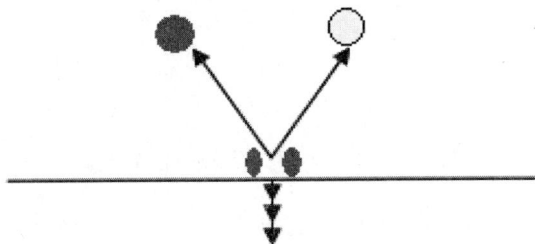

图 7-2-4 前后移动＋V 形步法练习示意图

（五）并步移动练习

方法与要求：如图 7-2-5 所示，在底线设立 2 个标志，相距约 4 米。运动员站立于底线中点，教练员站对面。运动员听到教练员的口令后，迅速侧滑步向红点移动，做正手击球动作。再迅速折返向蓝点移动，做反手击球动作，反复 5—6 次。侧向移动速度快，引拍的速度快，尽可能模仿击球动作。

做反手击球
动作

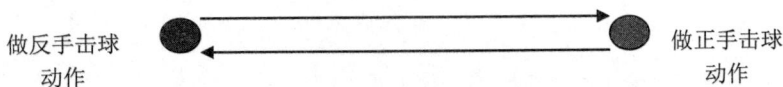

做正手击球
动作

图 7-2-5 并步移动练习示意图

第三节　速度和灵敏性组合训练

一、基本原则

速度和灵敏性训练的基本原则如表 7-3-1。

表 7-3-1 速度和灵敏性组合训练的基本原则表

	特　征
实践中	· 休息； · 充分热身； · 机警的、注意力集中的运动员； · 从比赛中获益。
能量消耗	· 大强度，持续时间少于 7 秒； · 根据强度，积极休息 30-90 秒； · 当操作质量下降时，结束这次训练。
技术上	· 胳膊的动力原运动； · 稳定骨盆传递最佳的力量； · 步伐的敏捷性：强调在地上的活动和脚的位置。

二、组合训练方法

表 7-3-2 下垂扔球练习法表

下垂扔球		
目的	发展运动员的反应速度，启动能力和灵敏性。	
制定	· 在网球场上或练习场； · 教练员站在运动员前面，向下扔球； · 在球第二次弹起时，运动员必须接住它。	
设备	使用不同的球去产生不同的弹跳类型。	
干预	运动员的预备姿势	· 运动员站在网球上，双腿轻弯； · 运动员准备好并将注意力集中在球上。
	开始	· 在运动开始期间，保持躯干直立； · 用手在不同方向运动。
	抓球	· 保持动力平衡； · 增加脚步的数量，放慢速度。
改变情境	难度低	· 离运动员更近； · 双脚仅站在一个球上； · 增加向下扔球的高度。
	难度高	· 以运动员为参照，教练员改变他的位置； · 改变开始的位置； · 双脚站在不止一个球上； · 相继向下扔两个球； · 运动员面对一堵墙站立，教练员站在它的后面，他把球扔到墙上，在第二次弹起时运动员将它抓住。

表 7-3-3 双人冲刺对决练习法表

双人冲刺对决		
目的	发展运动员的反应速度，启动能力和改变方向的能力。	
制定	· 在网球场或者是在彼此距离 20 米的两条线之间的运动区； · 两个运动员手持标志旗并肩站立、分开 1 米的距离，面向教练员，同时向教练员方向慢跑； · 教练员指向身体一侧，然后这两个运动员必须同时朝这个方向上跑动； · 最快的运动员（即，在教练员指的一侧的相反方向）在到达线的终点之前必须抓住同伴的旗。	
设备	6 个锥体，8 面旗。	
干预	开始	· 为了能使运动员在一个方向或另一个方向上快速移动，他们两脚之间的距离要合适（即，稍宽于骨盆的宽度，这样才能提供最合理的稳定性）； · 保持对躯干的控制，提供一个强有力的支撑。
	当改变方向时	· 保持动力平衡； · 合理地弯曲膝关节； · 增加跨步的频率。

续表

双人冲刺对决		
改变情境	难度低	· 运动员仍站在教练员的面前； · 减少运动员分开的距离； · 开始的运动仅限于一侧。
	难度高	· 增加运动员分开的距离； · 两个运动员面对面站立，教练员指向一侧后再开始跑； · 两个运动员面对面站立，其中一个先向一个方向冲刺； · 允许其中一个运动员改变冲刺的方向。

表 7-3-4 小跳栏练习法表

小跳栏		
目的	· 为了提高奔跑技巧； · 让运动员意识到为了跨越障碍，盆骨位置的重要性； · 为了提高脚底下的活动。	
制定	· 在网球场或是一个开放平坦的地方； · 在 10—25 米以上的距离处放置两个小的锥形物，然后在中间连续摆放一些锥形物和小跳栏； · 在两个锥形物和跳栏之间间隔 0.6—1 米，这依赖于运动员的高度和想要的难度水平。	
设备	10 个小的柔软的锥形物（10—15cm 高），10 个锥形物（20—30cm 高），4—6 个跳栏（30—50cm 高）	
干预	运动员奔跑时的姿态	· 双手着地（攻击）获得最合理的推进力； · 坚持胳膊上强有力的动作； · 在循环过程中保持稳定速度。

续表

小跳栏		
改变环境	难度低	· 整个循环中使用小障碍物（小锥形物和铁环）； · 在循环的末端限制高栏的数量。
	难度高	· 在部分或整个循环中增加障碍物的高度； · 改变跳栏和锥形物之间的距离（最大 1m）； · 要求一定的速度（用时间做参考）； · 手持实心球（最大 3kg）完成循环。

表 7-3-5 抗阻跑练习法表

抗阻跑		
目的	· 发展下肢力量； · 提高阔步频率； · 提高稳定力量。	
制定	· 网球场或运动场； · 跑步者环腰系一条带子，它通过一个绳索与滑轮系统相连，他的同伴站在他的身后，控制着他跑步的速度。尽管有来自绳索的压力，他应试图尽可能快的冲刺 20 米。	
设备	锥形物、带子、大约 40 米长的登山用的绳索、一个滑轮。	
干预	在奔跑时的姿势方面	· 摆臂； · 在奔跑时保持躯干直立（稳定在骨盆水平）。
	在启动方面	· 在动作开始时保持躯干直立。

续表

抗阻跑		
改变情况	难度低	· 中等强度的对抗力； · 限制施力与放松之间的对比； · 不使用滑轮来完成练习，但跑步者要站在同伴的后面推同伴。
	难度高	· 在一个可变换坡度的斜面上制定循环； · 用更强劲的对抗力（依赖于练习，通过体重来施与绳索更高的紧张程度或更强的对抗力）； · 手持实心球完成对抗循环； · 用绳索的系统紧张性来改变运动员的开始姿势； · 相续完成有对抗力的 10 米跑无对抗力的 10 米跑； · 向前跑，向后跑相结合。

表 7-3-6 沙地跑练习法表

沙地跑	
目的	· 全面提高力量； · 改善动力平衡； · 激活身体最大潜能和战斗力； · 磨练本体感受技巧。
制定	· 使用跳跃用的沙坑或自然的沙地； · 运动员在沙地上全力冲刺； · 运动员向前滚翻或跳跃跳栏（双脚着地）的方式开始。
设备	沙地、跳栏、锥形物、橡胶带。

续表

沙地跑		
干预	在奔跑方面	· 在奔跑过程中要放松； · 使跑步的轨迹在一条线上。
	在运动员的 姿势方面	· 要求释放来自运动员的全部束缚。
改变 情况	难度低	· 为了能使足底更稳使用湿沙地。
	难度高	· 改变开始姿势（翻滚，坐姿，躺姿等）； · 完成一系列障碍跳跃后再冲刺跑； · 向前跑，向后跑相结合（最长7秒）； · 负重完成奔跑； · 激活最大的身体潜能：运动员以自己喜欢的方式（向下或向上跳）完成动作后就可以休息。

表 7-3-7 抛掷球练习法表

抛掷球	
目的	· 改善胳膊活动的速度； · 重视抛掷技术的基本原则。
制定	· 在网球场上； · 两个运动员通过举手过肩掷球来完成练习； · 运动员应把球掷向对角线位置并要求过网； · 运动员在不移动的情况下将球抛回。
设备	两个 1kg 大小的球体。

续表

抛掷球		
干预	在掷球技术方面	· 肘和肩在一条线上； · 身体的另一侧保持稳定； · 用后面一条腿控制平衡。
	在移动和判断球的飞行路线方面	· 运动员的脚和地面的接触应该是活动的（即，增强式动作练习）有利于动作的完成； · 运动员要高度集中。
改变情况	难度低	· 用更轻或更小的球； · 缩小活动场地的范围。
	难度高	· 在操作中变换球的类型； · 改变运动员的数量； · 增加活动场地的范围； · 使用不同的记分系统； · 在某种情况下（使用箱子或是当运动员在空中抓球时）让他完成跳跃击球动作。

第四节　训练周期

在增强运动员身体素质时，不仅要理解各种训练方法的精髓，而且还要知道发展运动员这些身体素质的最佳年龄段，只有这样才能事半功倍。

一、速度

虽然一个人的速度潜能主要由遗传因素决定（weineck，1997），但它仍然可以在以下三个阶段来提高这种素质（表7-4-1）。

表 7-4-1 不同年龄阶段运动员发展速度的特征表

阶 段	特 征
5—12 岁	· 重点集中在神经肌肉方面。通过使用发展反应力（各种信号）和移动速度（投掷、短跑等）的练习来达到目的； · 姿势正确地完成练习是发展速度所必需的，而且这些练习必须在中枢神经系统发育成熟前完成。
13—16 岁	· 反应性力量在提高速度上扮演着极其重要的角色； · 男孩在短短的几个月内成绩会显著的提高，而女孩的速度发展会停滞甚至有所下降； · 保持反应速度，发展无氧供能系统和循序渐进地发展肌肉力量是必需的； · 必需发展专项跑动技能，它可以使运动员发生形态学上的改变。
17 岁 +	· 运动员应该能在比赛的情境中运用自己的一般速度，同时还需要发展自己的无氧耐力，即能重复完成持续时间短而激烈的运动能力； · 此外，通过强化作用和对力量训练的适应，一般情况下，在这一时期内一般速度可能只有小幅度的提高。

二、灵敏性

发展这种素质的最佳年龄是 5—12 岁（weineck，1997）。这个年龄段孩子的中枢神经系统适应性特别强，容易接受新的动作和技术。孩子会面对大量且越来越复杂的情境，需要最大限度地运用自身的"运动智力"。灵敏素质的发展可并入到其他身体技巧的发展中。正如前面讨论的，在青春期，教练去判断运动员发展的"新方向"是一件很困难的事情，因此，在这个阶段很有必要去巩固运动员之前建立起来的学习成果。另外，灵敏性和协调性练习应该逐渐地融入网球专项练习中去。

实践应用：

教练员应该确定所做的速度练习是否接近于运动员的最大速度。如果发现速度显著下降，同时技术质量也下降，那么就有必要停止这种类型的练习而转向其他练习。

小结：

把发展速度和灵敏性的方法组合在一起，这种方法给教练员创造了一个新的训练情景，这是很有意义的。长期以来，速度训练的方式被局限在单调的短距离冲刺上，然而，网球运动员要在各个方向上移动并且要不断地改变节奏和方向。因此，教练员应该从各式各样的练习中激发运动员的兴趣和潜能。网球专项素质的培养非常重要，在发展这些素质时要注重与真实的比赛场景相结合。

第八章 力量

第一节 力量在网球运动中的重要性

力量，即运用肌肉做功产生的力来克服阻力的能力，对于运动员竞技能力的提升，是非常重要的（Osullivan & schmizi，1988）。如果能将力量训练与技术训练、战术训练、心理训练相结合，将会产生更好的效果。

通过科学的基础力量训练不仅可以提高运动员场上的竞技能力，还能提高运动员的各项场外素质。在场上，运动员想要实现出色的竞技状态，则需要通过专项力量训练和预防损伤的相关练习来提高运动员的各方面水平，其中包括挥拍的快速启动能力、球拍拍头急停能力、身体有效移动能力等。与此同时，还需要有针对性地制定预防损伤的训练计划用以保护运动员身体因过度劳累而引起的伤病。

一般力量训练的目的是提高速度、力量和耐力。而网球专项力量训练则会根据每个运动员的需要和网球项目的特点来制定个性化的运动处方，在制定运动处方时还需要考虑其他因素，包括不同的负荷和速度、多关节的运动及肢体位于不同平面上、依赖本体感觉的运动等。

提示：

　　专项力量训练对于网球运动员的长期发展起着至关重要的作用，要着重考虑以下两个方面：

　　（1）减少运动损伤——延长运动寿命。

　　（2）提高动作质量——提高运动成绩。

　　在制定专项力量训练计划时要有针对性，先确定好需要改进的地方，然后再分别采用不同的训练方法实施。网球运动，不仅要求运动员具有良好的体能储备，还要考虑到其他许多方面的问题，包括比赛给运动员带来的巨大心理压力、单侧肢体优势的特点、不同赛季及不断变化的赛场造成的身体适应等。

　　网球力量训练不仅能恢复各肌群力量的平衡，还能使运动员经受住高强度的比赛，更能减少因损伤造成机体损失。因此，网球运动员首先要具有基本体能储备，才能进一步掌握和改进技术动作，增加击球力度，从而提高运动竞技水平。

第二节 网球运动员体能的特点

一、网球运动员身体的特点

网球是一项对体能要求极高的运动。它要求运动员在球场上具有快速移动的能力，同时还能击打出时速度达200km以上的击球（如发球）。在网球运动中，要求运动员反复同一动作发力，并且要克服身体中不平衡的肌肉力量，还要适应不同的球场，这些困难将给运动员带来不小的挑战，如果处理不当最终将导致运动水平下降，严重时甚至会造成疲劳和损伤。Kibler & Chadler 的研究指出在网球运动员的损伤中肩背损伤比例最高，其次是膝伤和踝伤，这些损伤与运动员关节功能不良，肌力不平衡密切相关。在这些损伤中，有63%的致伤原因是局部受力过大或慢性反复牵拉所造成的微小损伤所致，这损伤包括肩袖腱炎、网球肘、应力性骨折等，其他37%的致伤原因是创伤造成的踝关节损伤、半月板损伤、骨折等。

二、不同场地对体能的要求

在不同球场上比赛对运动员体能的要求也有所不同，因此也需要采取不同的训练计划。在训练计划的制定时应该考虑不断改善运动员的脚下移动能力和场上应变能力，以适应不同场地的需要。

（一）硬地球场

硬地球场，要求运动员具有极大的弹性和反应力量，突然加速与减速的能力。

（二）红土球场

红土球场，则需要设计另外的训练计划，主要提高运动员的稳定性力量、静力性力量和离心收缩力量，这些训练能使运动员能经受得住移动中髋关节的大幅度运动，并能使运动员在积极和快速地移动中具有良好的稳定性，如在滑步正手击球。

（三）草地球场

草地球场，则需要全面静力性保持练习和小范围内动力练习。在草地球场训练或比赛后，运动员都会感到全身酸痛，这是因为草地会吸收蹬地的力量而缺少给予反弹力。草地将吸收一部分网球的弹性势能降低球弹起的高度，迫使运动员击球时保持较低的重心。另外，草地球场的这个特性，还直接影响运动员在场上的移动，同时要保持低重心的姿态，导致运动员更大的体能消耗。总的来说，草地降低了肌肉做功的效率，与硬地场相比，运动员更容易感到双腿沉重，更容易感到疲劳。

第三节　力量的分类

力量训练的目标是使运动员获得高度神经支配的爆发力、更强的肌肉力量、更大击球力量和更快的击球速度、尽可能地扩大场上控制范围，并使运动员具有长时间高强度的对抗能力。"无功能"体重增加，会使运动员移动速度减慢、疲劳提前、更容易导致损伤，因此，过多的脂肪，会导致身体过重的负担。

如果力量训练计划不合理，运动员将不能发挥其潜能，其速度、力量、耐力、柔韧等素质能力将会大打折扣。合理的训练将会提高运动员的柔韧性（Fox,1984; Jenson & Fsher1979; Oshea,1976; Rasch,1979）、竞技能力、增加瘦体重、改善能量利用、调节激素释放、改善身体协调能力、改善各肌群力量平衡、降低体脂等 (Lamb,1984; Stone Etal,1982)。另外，力量训练还可以增强免疫力、避免损伤、增强运动员场内场外的自信心 (Folkin & Sime,1981; Taker,1983)。

运动员竞技能力的提高，需要具备多种良好的力量素质，这些力量素质主要可以划分为两种类型，即稳定性力量和爆发性力量。

一、稳定性力量

在稳定性力量的定义中不仅涉及肌肉，同时还涉及关节和其的支持连接系统，正是这些组织和系统，奠定了人体的核心和支柱力量。核心力量涉及包括连接"腰椎—骨盆—髋"的复合体，还连同肋骨、肩胛骨等周边诸多的肌肉。这些肌肉出色的运动能力，为身体其他部位的运动奠定了良好的基础。无论是上肢的运动还是下肢的运动，腹肌是最重要的。研究证实，如果没有这些肌肉的充分动员和利用，将会导致脊柱运动功能受限（Aruin & latashi,1995; Hodges & Richardson,1996; 1997; Richardson & Jull,1995）。

在网球运动中，肩袖、髋关节复合体、踝关节复合体的稳定性是非常重要的，它们可以很好地改善关节运动的功能。这些部位中的肌肉锻炼得越充分，力量发挥得就越好，运动员的动作将会更快，更有力，更重要的是可以减少肌肉的损伤。

仅仅去完成这些稳定性力量的练习是不够的，要在动作过程中充分募集相关肌群，协调收缩，这些训练不仅适用于高水平运动员，而且在低水平运动员的训练中也是必不可少的部分。

二、爆发性力量

爆发力的增强需要其特殊的训练，这种训练能使运动员发力时动员更多的运动单位，同时，每个被动员的运动单位中将有大量的纤维参与收缩，这是通过增加肌纤维总量和使其收缩同步化进而实现的（Bompa,1993；Sale,1988）。这种大范围的动员使运动员在短时间内产生巨大的力量，通过储存和释放更多的能量使其动作更加快速且有力。假如在激素和营养的共同作用下，一旦肌肉力量通过协调性的改善得以增强，肌纤维将增生使得体积增大，从而增加其工作能力（Roger,1997）。

增生使肌肉体积增大，相反，肌肉的消耗将使其萎缩。对网球运动员来说，控制肌肉体积可以保证不增加运动员的无功能体重。网球爆发力训练的关键问题在于要保证训练所针对的每一组肌肉都要有高度的神经支配，只有这样，才能使运动员的竞技能力得到有效的提高。

第四节　力量训练设计应考虑的因素

一、场上技术训练

每一个动作的完成都依赖于身体在各关节处，各平面上运动的协调配合，身体所有部位都有着密切的联系，如果身体的某一部位工作能力下降，那么将会影响到其他部位的运动。通过整合训练，运动员将学会如何运用自己的肢体稳定有力地完成各种动作。运动员是最善于进行肌肉代偿工作的。当某组肌肉或关节不能有效工作时，他们将被迫牺牲合理的动作过程来寻求某一个能达到特定目标的动作。

二、力量的连续性

发力是一个连续的过程。这个发力过程的连续性十分重要，从顺向韧带收缩方向的发力，到逆向韧带收缩方向的发力，从身体或四肢的变速，到运用实心球、弹力带等进行的抗阻练习。巩固和加强连续体上每一环节的训练，可以提高运动员的动作质量。

三、强度

强度指在力量训练中所施加阻力的大小，经常用这个阻力占 1 MR 的百分比来表示这个强度的大小。这个变量将作为一个因素，用来衡量一个力量训练处方的生理效果。

四、负荷

负荷指完成训练的总量，经常用组数（两次短暂休息之间的训练称为一组）和重复次数（每组包括的重复动作）来表示。负荷本质上就是运动量，将直接影响训练反应和肌肉体积。负荷越大，肌肉的增生和运动能力的提高越显著；而低负荷高密度的训练将发展速度。

五、密度

密度指单位时间内完成的负荷总量。在 1 小时内完成的相当于 100 单位的负荷可以在 2 小时完成，两者效果是不一样的。

六、训练频率

训练频率指在每天、每周、每月或每年参加训练的次数。

七、节奏

节奏用来描述每一个重复动作中各个不同阶段分别占用的时间，例如，节奏为 201 时，2 表示放下器械耗时 2 秒（目标肌肉离心收缩），0 表示器械到最低点停顿时间为 0 秒，1 表示举起器械耗时 1 秒（目标肌肉向心收缩）。动作节奏会对练习效果产生巨大影响，运用不同节奏进行同一种练习所获得的训练效果是很大区别的。

八、动作平面

动作平面指在冠状面、失状面、水平面上的训练。它们可以进行单独训练，也可以进行一体化、多平面、多关节训练。

九、练习选择

练习是根据运动员身体条件和项目特性进行选择的。一般分为基础力量和专项力量，运动员发展初期主要以发展基础力量为主，后期主要以发展专项力量为主。

第五节　阶段划分

阶段划分指运动员力量发展的最佳计划。由于运动员面临不同赛事和诸多不确定性因素的发生，当今高水平运动员训练阶段划分也在不断地进行调整。最好的训练阶段划分应包括与机动能力相一致且有次序的力量发展相匹配。

一、基础时期

一般在运动员 8—12 岁（根据性别和发育情况而言），这个时期的训练应集中在灵敏、平衡、协调和速度等方面，通过利用自身重量、实心球、弹力球、操场器械等在不同场地（草地、沙地等）进行单侧或双侧基础动作和躯干力量练习。在这些练习中要强调良好的姿态、躯干和髋关节稳定性等，同时也要预防损伤的发生。

二、训练时期

力量训练将被强化且融入每周 2—3 次的机动能力、平衡能力、速度能力中。12—14 岁的运动员的训练目的是发展和强化他们的稳定能力、机动能力、灵敏能力、协调能力和力量。在运动量逐渐增大之前，机动的动作程序应该是通过低负荷高重复次数的练习从而建立起来，只有这样，这些机动的动作程序将会更加稳固和精练。当身体发育和激素水平与这些技能相匹配时，运动员的竞技能力将得到大幅度的提升。在一年的训练计划中，应融入 2—3 个比赛周期，这将使运动员对比赛节奏有一个最初步的认识和理解，以使运动员最终能达到各种不同的目标。每隔 6—8 周，当运动员完全适应某一机动动作程序时，这些训练节奏应该做出适当的调整。

三、参赛时期

这个阶段（14—18 岁）的训练需要将运动员带入竞技能力高速发展的状态。目前，这个阶段的训练不断地将重点放在发展相对力量和原动肌的能力上，而这需要通过训练强度、负荷，以及综合练习的系统性且渐进增加来实现的。在年训练计划中，应该有 6—8 个发展周期。

四、收获时期

这个阶段的特征是将所有精力集中到优化所有能提高运动员竞技水平训练系统的工作中。其实训练的最大量是在赛场上完成的，相比之下，力量和能力的训练量将会大幅度地减少。

实际上，力量和能力训练可以当作热身，从而激活神经系统，使运动员能在移动速度和击球质量方面达到最好的状态，这些素质融合程度越高，场上转化的能力越强。在运动员现有的能力基础上，力量训练周期的目标，将主要通过机动能力与不同场地相结合从而得以实现。这个时期的运动员应每隔2—3周调整一次训练计划。

小结

网球的力量训练将有助于提高运动员的竞技能力。力量训练应考虑网球运动的特点，将年龄、场地、球风、时间等因素考虑其中，最重要的是符合运动员的个性化需要。制定一个切实可行且科学的训练计划将使运动员受益匪浅。

第九章　增强式动作训练在网球运动中的应用

移动速度与爆发力息息相关，任何一个计算力量的数学公式都表明爆发力与移动呈函数关系。在网球运动强调的是启动和快速改变方向和提前做好接球准备等，所有这一切都与运动员克服自身体重和起始运动惰性的能力相关。

力量训练在任何一个运动员的训练中都起着重要的作用，然而，在网球运动员训练的过程中全面且均衡的发展才会取得最好的效果。能最有效运用自己力量的网球选手是那些击球最重，球速最快的人。一个均衡的身体训练系统要求使用各种不同的训练方法，这也是贯穿整章节所强调的。那么我们所关心的是发展力量的切入点在哪？增强式动作训练法是发展力量的最佳方法。这个训练系统起源于田径，经观察发现该系统能最好地发展短跑和跳跃类运动员的力量。

"推进力"一词指的是快速用力，那些能够快速用力的运动员有更快的移动速度，用来解释运动员启动速度的问题不是发展力量而是如何快速地运用力量。健美运动员和举重运动员的赛前训练是以较慢的速度举起较大的重量，所以他们能产生很大的力量，但是达到峰值水平所用的时间较长。通过增强式动作训练后，他们所到达最大力量的时间相对更短（达到最大力量的速度更快），因此在网球中该方法发展力量也同样有效。

> **提示：**
> 肌肉体积过度肥大并不是一个优秀网球选手的目标。

"第一步"是网球教练用来代表"启动速度"的术语。这种快速启动的能力依赖于运动员克服自身的惯性并推动身体运动的能力。然而，静止的身体总有保持静止的趋势，它遵循只有外力才能克服惯性的规律。研究表明提高这种力量以增强式练习法最为有效（Chu，1998）。

增强式动作训练法的生理学基础是我们所熟知的肌肉活动时"牵拉—缩短"的循环过程。当肌肉以某种方式被快速拉伸时，那么它就会"反弹"并对抗快速拉伸而缩短，上述的这些过程会发生在以下情况中：1、肌肉被拉伸的强度大、速率快；2、肌肉受到足够大的强度以至于可以触动肌肉运动。与被动拉伸肌肉的刺激相比，这种"反弹"的效果能够使肌肉产生更大的力量和更快的收缩速度。（Chu，1998）。

> **实践应用：**
> 增强式动作训练对网球选手来说是非常重要的，因为它可以帮助运动员提高速度，快速改变方向和做出更快的启动。

为了能够更好地理解增强式动作训练的实质，首先我们需要理解几个基本原则：

● 那些已经进行过抗阻力量训练者可以进行增强式练习，因为他们已经有了一定的力量基础，从而在进行这种被认为有更

高强度的增强式练习时出现的损伤最小。而那些没有一定的力量
基础的训练者应该通过力量训练的"准备阶段"去提高力量基础
（Bompa，1996）。

● 对于网球而言，增强式动作训练的强度主要以中、低强
度为主。

● 增强式动作训练的总量（组数和重复的次数）是由年龄
和运动经历决定的。

● 增强式练习在柔软的表面进行时最有效，如草地，铺了
垫子的地面，或体操训练馆中富有弹性的地面。

● 下肢的增强式练习只以"体重"为负荷进行运动即可。

● 上肢或躯干部的增强式练习经常用实心球作为阻力形式。
这些练习与下肢增强式练习的不同之处在于运动员动用的是更小
的肌肉组织以及它是处在一种不稳定支撑状态下进行的运动。

运用增强式练习的主要问题之一是确定其合理的训练进度。
试图让大多数网球运动员的举重训练、心脏血管的训练、增强式
练习都适合于他们的训练实践进度是一个巨大的挑战。当练习者
成绩正在提高时的增强式练习是否适合其训练进度，或者在不同
训练内容的基础阶段能否隔天进行增强式练习，则取决于如何执
行负重训练的。

增强式练习可看作是训练结束的一种方式。它对于发展网球
选手从身体和心理上准备接受的技术有所帮助。它常常不只是训
练量的问题，更重要的是训练的质量。在尽最大努力并保证技术
的质量的情况下即便只完成 2—3 次增强式练习，也强于完成了

10—12 次没有把注意力和兴趣都集中的训练。增强式练习的方法可以作为准备活动中的个人活动，它本身也是一种训练形式，也可以成为（高水平的）运动员完整的负重训练计划的一部分。增强式练习可以采用多种手段，这也是使它能成为通用的、有效的、可引起挑战性兴趣的训练方法的原因。

第一节　增强式动作训练的强度

　　增强式动作训练常被看成是一种"跳跃训练"的形式，这就意味着运动员与地面接触所获得的爆发力的机会更多，毫无疑问，许多运动员会观察到并且很高兴地看到自己的速度，而且这种速度的提升是十分快的。运动员用下肢的力量给地面一个作用力，反过来，身体接受到来自地面的反作用力就能帮助他们克服自身的重量。物理定律告诉我们处于休息状态的身体在惯性作用下倾向于保持休息，直到有外力使他活动起来。为了发展运动速度，运动员的体重、重力作用以及与地面的相互作用都能够为其提供产生训练刺激的力量。这意味着增强式动作训练的强度是有效的。运动员自身的体重，外力，诸如加重的背心、裤子等都可以增加增强式动作训练的形式并且可以减少那些更有经验和更成熟的运动员长期从事的力量训练的项目。

　　在增强式动作训练中控制强度的另一个方法是控制运动员跳

跃的距离和高度。在网球中，大多数运动是在很局限的范围内进行的，而且实际上是水平线性运动，只有桑普拉斯是以一种迷人的方式去击打高压球时才需要垂直纵跳的能力。因此在进行大多数的跳跃练习时，所消耗的能量不是集中在垂直效果上，而是应该集中在跨越不太高的障碍或箱子的水平直线效果上。而在网球训练中，通常被用作障碍物的是跨栏和箱子，它们的高度几乎不超过 0.35—0.4 米。

> **提示：**
> 增强式动作训练实质上是无氧的。

在网球运动中用增强式动作训练最可能参与的能量系统就是 ATP-CP 系统，Bompa（1996）认为这种能量系统 95%—100% 是无氧的，或者利用的是肌肉内储存的剩余能量而且不需要氧的恢复。如果训练过程中动员的仅是 ATP-CP 能量系统的话，则要求训练效果达到最大，持续时间 1—15 秒。高频率的移动和信息的快速交流都是从中枢神经系统发出的，它不需要自主神经系统去适应，在这种情况下心血管系统不会遭到太多的挑战，储存在肌肉中的能量（ATP 和高能磷酸盐）被快速动员直到耗竭至肌肉不能再工作为止，所以如果耗氧太慢就不能满足这种类型活动的要求。因此，能量剩余的比率应该考虑到能量的恢复，恢复的时间要比工作的时间长一些。举一个典型的例子就是重复 40 米短跑，如果一个教练员要求运动员全力跑完 40 米后慢跑返回，再重复下一个全力跑，那么他就会发现运动员跑步所用的时间会迅速增加，运动员就不能达到最初的效果。一般来说训练和休息的比例关系应该是 1 ： 5—1 ： 10（NSCA，2000）。

ATP-CP+LA（高能磷酸盐和乳酸）系统要求练习达到最大效果，持续时间 15—60 秒，每个能量系统都有自己的恢复时间。这种练习的速度和强度相当于 200 米、400 米全速跑，或者是 100 米游泳。这种运动能够给予心血管系统一定的刺激以至于机体不能充分利用氧气。因此运动时会出现氧亏，并且运动时来自 ATP-CP 系统的能量减少而以较低比例乳酸能系统来供能。这种训练的运动时间：休息时间的比率也通常被认为是 1 ： 5—1 ： 10（NSCA，2000）。

> 提示：
> 典型增强式动作训练每组重复持续时间 1—5 秒，每组训练间隔的休息时间在 5—10 秒，组间休息 2—3 分钟。

第二节　增强式动作训练的总量

在网球训练中采用增强式动作训练法的"组数和重复次数"的数量变化是很大的。如果采用的是低到中等强度的练习的话，那么相应的也就应该比平常练的组数更多，重复的次数也更多。然而根据每个运动员的情况不同，教练员首先应该考虑到的是年轻的运动员会从动力学习过程和恢复中受益，所以要教他们做正确的动作，做更多的练习，做更多组。但是甚至一个简单的动作诸如跳到一个 0.3 米高的箱子上都要求运动员做出正确的起跳动作然后落到箱子上面。

Faigenbaum（2002）讲述了一些优秀的年轻队员在 7 岁就开始了他们的职业生涯，甚至早在 4 岁就开始参加一些有组织的赛事，随后他评论道：尽管那些年轻队员会从参加的体育赛事中获益，但是一些教练员和运动员却把注意力完全集中在体能训练上而忽视了一些诸如 Angie Calder 等学者强调的重要因素：营养，充足的睡眠以及在训练和比赛之间充分的休息和恢复。如果想用合适的训练内容对年轻的网球选手实施增强式动作训练，上述这些因素都是非常重要的。

表 9-2-1 就是不同年龄实施增强式动作训练的组数、重复次数和训练总量的参考指南。谨记：运动员的性别，与之相关的力量训练的经验，运动的强度和重点都与运动员成熟的程度密切相关，这些都是很重要的。

表 9-2-1 不同年龄增强式动作训练总量参考指南表

年龄（岁）	训练总量（次）	训练的组数（组）	重复次数（次）
8—10	3	1	5—10
10—12	3—4	2	8—12
12—14	4—5	3	12—15
14—16	5—6	3	12—15
16—18	6—8	4	10—15
18+	8—10	4—5	10—20

实践应用:

如果是 10—14 岁的年轻运动员,而且力量训练师也经验不足的话,推荐把重点放在教授增强式动作训练的技巧上,而不要进行多组重复训练。

第三节　增强式动作训练的练习法

按照专项原则,最成功的增强式动作训练培养是能够与网球运动本身相关的专项能力相结合。那么训练就不应该倾向于包括所有的增强式动作训练的方法,而是应该有针对性地发展网球运动员最常用的能力。增强式动作训练的核心是减少与地面接触的时间,也就是我们熟知的缓冲期(Chu,1998)。

下肢的增强式练习常常可根据地面作用时间来进行分类。于是文献中便出现了"短时反应"和"延时反应"。短时反应练习通常用来发展步法,练习时与地面的接触很迅速、短暂。由于它们的许多练习形式与网球运动相联系,所以对网球项目是有"特效"的。许多用全部下肢进行的增强式跳跃或弹起是为了发展更高水平的力量,它需要与地面有较长的接触时间,这就是众所周知的"延时"跳。

一、提高移动速度的练习方法

网球场上的运动限制在一个较小的范围内。为了回击对手打过来的球，网球选手需要对自己的身体站位做许多小幅度的调整。很明显，这些动作往往是小幅度的、迅速的，且常常是一个不正常的体位。而这些练习方法的目的就为了让运动员学会如何在失去重心的情况下移动脚步并回到起始姿势，只有这样，这些连续的动作才能保持平衡并有效。这就是所谓的"反向漏斗原理"（Chu，1998）。

举例：

表 9-3-1 四格练习法简介表

四格法	
目的	为了提高步速和控制身体。
动作要点	划两条长 0.6 米的交叉线，尝试不同的跳跃技巧（从一侧到另一侧、从前到后、三角形移动、沙漏形移动、圆形移动），既可以单脚着地也可以双脚着地，重复规定的次数。
注意事项	先向一个方向移动，然后反方向移动，在练习过程中比较一个方向与其他方向或者是一条腿与另一条腿移动的速度和数量，试着找出来那一侧或那种运动形式弱一些。

9-3-2 六边形练习法简介表

六边形法	
目的	为了提高步速和一般协调性。
动作要点	用皮尺或其他工具画一个六边形，每边长 0.6 米，选手站在六边形的中心，先跳向六边形的一条边，回到原点，再跳到对侧边。每次跳跃前都要回到原点。重复规定次数。
注意事项	选手要全脚掌着地，在双脚跳跃时保持身体在正中位置。强调的是：跳跃后用脚尖着地，快速使腿恢复原状，这样就能使下一次跳跃做得尽可能快。一旦选手双脚能很好地完成训练，那单腿也能完成这些训练。

二、提高地面作用力的练习方法

牛顿第三定律指出任何作用力都会有一个大小相等方向相反的反作用力。因而，当运动员通过下肢肌群的收缩而作用于地面的时候，将受到相等的地面反向作用力，从而推动身体以较快的速度在地面上运动。正如前面所提到的，增强式练习可以让网球选手更快的、更有效发展这些力量。现在我们可以考虑用与地面接触更长时间（虽然只有短短的大约 0.25 秒）的延时反应练习来真正提高最大力量。当网球选手在运动场上跑动时，以对等的或相反的方式应用其手臂和腿时将会获得场地表面的最大推动力。

举例：

表 9-3-3 跳箱子练习法简介表

跳箱子练习	
目的	为了发展下肢力量。
动作要点	运动员双脚站立，比肩宽 0.3—0.45 米，站在一个高 0.3—0.6 米的结实的箱子前面，尽可能垂直跳起，双脚落到箱子上，然后从箱子上跳下。重复规定的次数。
注意事项	控制落地；落地要轻；用双脚落在箱子上。

表 9-3-4 单脚推进练习法简介表

单腿推进练习	
目的	为了训练运动员如何推地。
动作要点	在开始前，运动员单足置于 0.3—0.45 米高的结实的箱子上，用另一条大腿做推进动作，尽可能往高跳，然后用同一条腿（做推进动作的腿）轻轻落地，同时前面的那只脚仍放在箱子上，重复规定的次数，然后换另一条腿做。
注意事项	腿做动作的同时需要胳膊配合，帮助身体离地。

表 9-3-5 迅速蹲跳练习法简介表

迅速蹲跳练习	
目的	改善髋部的灵活性和臀部屈肌力量。
动作要点	运动员确定好迅速蹲跳的姿势，一只脚在前，另一只脚在后，双手置于髋部，这个姿势要求前腿的膝关节呈 90° 弯曲，后腿膝关节几乎着地。运动员尽可能往高跳，在落地前两腿交换位置。

续表

迅速蹲跳练习	
注意事项	强调落地，同时躯干要保持直立位置。

表 9-3-6 滑步练习法简介表

滑步练习	
目的	发展外侧臀部区和臀部伸肌。
动作要点	运动员站在一点上，抬起脚的内侧，向前弯曲伸肌，跨到外侧，尽量用对侧的手和胳膊去触碰脚。然后将身体的重量移到相反的一侧；伸手触摸另一只脚并试着触碰同一侧的脚趾。来回移动完成规定动作（一来一回算作一次）。
注意事项	一旦运动员掌握了该运动，他应该全力横向推动，这样他才能完成来回跳。

三、提高变向能力的练习方法

在网球场上变换方向的能力取决于预测能力、速度的调整和外侧臀部的力量，后者在学术上指的是臀部外展肌的力量及其对地面刺激做出的快速反应的能力。它能够支撑和稳定骨盆，既可以做离心运动又可以做向心运动，推动身体向预期的方向活动。

在网球运动中变换方向是个基本技能，在一场网球比赛中，它会出现无数次。显然运动员动作的熟练水平，战略和打法都会决定最后的比分，甚至对一个初学者来说，变换方向都是其准备或训练程序中必不可少的一部分。

举例：

表 9-3-7 侧向圆锥跳练习法简介表

侧向圆锥跳	
目的	提高运动员与地面的反应性。
动作要点	排列 5—6 个锥形物（0.3—0.35 米），彼此间距离 0.6—0.9 米。运动员站在锥形物的一侧，跳到锥形物的另一侧，双脚着地，直到最后一个锥形物，用单脚（外侧腿的）着地，立刻返回在相反的方向重复练习。
注意事项	当运动员第一次做此练习时，应该使用小的锥形物。运动员试图来回跳的次数是单数（3—5 次），这样才能保证他最终单腿着地的次数是一样的。

表 9-3-8 多障碍跳跃练习法简介表

多障碍跳跃	
目的	改善向前启动的运动。
动作要点	将 5—6 个不同高度的障碍排列一列，在最后一个障碍处画一个 4 方格图形。运动员向前跳跃障碍直到越过最后一个障碍后，单腿在 4 方格图形中沿一个方向移动然后立刻反方向做。重复规定的次数。
注意事项	做动作要快，变换方向的反应要尽可能地快。为了使动作顺畅过渡，要控制好变换的方向。

表 9-3-9 跳深侧向跑练习法简介表

跳深侧向跑	
目的	身体过载并随时准备与地面发生相互作用。
动作要点	运动员站在一个至少 0.3 米高的箱子上（开始姿势），然后从箱子上跳下，双脚着地后立刻从地面跳到与身体侧面垂直的速跑器上，运动员将速跑大约 10 秒后逐渐停止。重复规定的次数。
注意事项	控制落地，运动员不应该在枢轴上移动，而是应该通过加大步幅向他速跑的方向尽可能快的移动。

表 9-3-10 跳栏练习法简介表

跳栏	
目的	增加与地面的相互作用力，减少在地面滞留的时间。
动作要点	排列 5—6 个跳栏，0.45—0.6 米高，彼此分开大约 0.9 米，运动员站在第一个跳栏前，向前跳跃，在两个栏之间在地面滞留的时间尽可能短，跨越 5—6 个栏以后走回，重复规定的组数。
注意事项	控制落地，运动员不应该在枢轴上移动，而是应该通过加大步幅向他速跑的方向尽可能快的移动。

四、提高无氧耐力的练习方法

实际上，从很大程度来讲网球运动是无氧运动，这就要求运动员所做的每个动作在整个运动中是非常简短的。然而，当要求他们连续做许多这样简短的动作时，生理上的不适迅速达到峰值，发生疲劳，因此，贯穿整个比赛的耐力通常决定了最终的结果，当运动员在比赛时，身体的某些生理系统会将身体的潜能全部动员起来，以达到竞技状态的最佳效果。

举例：

表 9-3-11 间隔跳箱练习法简介表

间隔跳箱	
目的	增强无氧耐力和横向速移。
动作要点	运动员站在一个宽约 0.5 米，高约 0.3 米的箱子旁侧，他从侧面起跳落到箱子顶上，然后立即从对侧跳下，运动员来回反复这种运动形式，他每触到箱子顶一次构成一个重复。
注意事项	看运动员在 30 秒内能跳上箱子多少次，一旦他的耐力增加，就增加到 60 秒，适应后再加到 90 秒。

表 9-3-12 提膝练习法简介表

提膝	
目的	增强无氧耐力和提膝能力。
动作要点	运动员面对一个高 0.3 米的箱子站立，将右脚放在箱子上，左脚放在地上，左腿下推离地，抬左腿将左脚置于箱子顶上，随着左脚置于箱子顶上的同时右脚着地。接着做推进动作和换腿，运动员应该全脚掌站在箱子上。继续完成规定次数。
注意事项	这个动作类似于跑步过程中的高抬腿，要确保运动员应该全脚掌站在箱子上。

表 9-3-13 复合跳跃练习法简介表

复合跳跃	
目的	增加协调性的同时控制无氧耐力。
动作要点	将 3—4 种不同的跳跃练习组成一个循环（单脚着地，双脚着地），一个接一个的重复，运动员完成任何一个练习后稍作恢复就转向下一个练习并且重复。换句话说，在他做练习时从一个练习到另一个练习之间恢复的时间是很短的。
注意事项	设计的这个循环应考虑到有充分的空间保证运动员能完成练习，确保每个运动员熟悉每个单独的跳跃动作，重复这个循环 1—3 次。

五、实心球增强式动作训练的练习方法

当美国双打选手 Jim Grabb 在肩关节损伤的康复过程中，有人问及在一场比赛中挥动了多少次肩部时，他被这个问题迷惑了，他真没想过在一场比赛中主要像发球与截击球与肩部有联系的动作有多少次。通过回顾了几场 Jim 的比赛录像，找到了这个问题的答案：他在每场比赛中用到肩部的平均次数为 256 次。这个故事的实质是 Jim 必须为他一次能进行至少 250 次使用肩部而做好准备，为此他进行了大量的实心球传接练习。

为了使这项练习能归入到增强式动作训练中，就应该在练习的过程中拉伸肌肉的长轴来刺激牵张反射，这个可并入到肌肉的"牵拉—缩短"循环。"牵拉—缩短"循环也能被更小的阻力所激活，诸如抛接实心球所提供的阻力。当接到实心球以后迅速抛出，

这样可使运动员充分利用牵张反射增加反弹力。表 9-3-14 列出了不同年龄段年轻运动员常用的实心球重量参考值。

表 9-3-14 不同年龄运动员常用实心球重量对照表

年龄（岁）	实心球的重量（kg）
8—10	1.5—2
10—12	2—2.5
12—14	2.5—3
14—16	3—3.5
16—18	3.5—4.5
18+	4.5—5.5

实心球练习是评价运动员上肢和躯干力量的一种非常好的方式。近些年来有关网球运动员的测试结果已经让科研家们相信：一个网球运动员的对地击球的力量与他用这种方式所能投出实心球的最远距离有着密切的关系。比如，正手力量强的运动员的正手体侧投出实心球的距离将胜过他人。

下面介绍的这些练习容易操作而且耗时短，通常不超过 15—20 分钟就可以完成一组动作。一开始每个运动员重复一个练习 12—15 次，然后增加到每个练习 25 次，如果受训者是成熟的运动员，那么每个练习应该练 2—3 组。一般来说，大家认为在增强式动作训练中核心肌群是很难被练到的，就是在许多练习核心肌群的运动中也很难有牵张反射参与，因此很难增强核心肌群的活动性。所以，为了发挥增强式动作训练的实质，受训者活动的幅度要更小，做得更快，有机会利用牵张反射（NSCA，2000）

（一）胸部传球

教练或同伴持实心球站在 3—4.5 米远处，练习者坐在地上，屈膝，脚平放地上、上体向后倾斜成 45 度做好准备姿势。教练掷球给运动员，运动员接球并保持上体姿势不变回球给教练。连续快速地重复这种传球练习。

（二）仰卧起坐传球

练习者做好同练习（一）一样的准备姿势，接球后顺势倒地。然后仰卧起坐并快速将球从胸前传出，连续地重复所规定的次数。

（三）牵拉肌肉抛投实心球

练习者做好同练习（一）一样的准备姿势但双手放在头上。接球后顺势后仰，并让双脚抬起，身体随球后倒，然后将利用全身惯性从后向前经过头顶将球抛出，重复所规定的次数。

（四）侧抛球

练习者双腿伸直与教练员成 90 度成屈体坐。教练员持药球站于 3—4.5 米远的位置，并将球抛至练习者膝盖处，运动员接球后顺势使躯干扭转至实心球完全背对教练，然后反转面对教练并迅速将球抛回教练，反复重复所规定的次数。

（五）双向扭转

练习者完成与练习（四）一样动作，但是接球扭转回来后再向相反的方向一直旋转并将球抛出。这种动作可以保证练习者在回传球之前有两个方向的身体转动。

（六）动力落球

教练员站在 0.3—0.75 米高的箱子上，持实心球置于边缘外，练习者面对教练躺在地上，头靠近箱子，双臂伸直。教练放下球，运动员尽可能快地接球，轻弯双臂并将球向上推向教练。

（七）后抛球

练习者在背对教练6—7米处站立，双手持球低于膝盖处并成蹲踞姿势，然后快速蹬腿并伸直躯干同时将球向后经头顶掷向教练。教练将球传回运动员，练习结束。球必须低于膝盖之间以便能快速进行伸展运动。

（八）超人传球

练习者俯卧成背弓，手置于头前抬起，教练持实心球站在其前方1米处抛球，练习者保持背弓姿势把球回传给教练。重复规定的练习。

（九）右斜抛球

练习者双脚前后交叉站立，双手持球放于右肩上，然后向前迈步，同时双手从右肩上将球抛给教练。整个动作过程必须是双手从右肩上开始，直至左臀前方结束。

（十）左斜抛球

练习者重复同练习（九）一样的动作，只不过是从左肩开始而到右臀前方结束而已。

> **提示：**
> 实心球练习是一种功能性的、特异性的、多重目的的运动。运动员需要发展与运动形式相关的专项力量，而这种力量则可通过加速抛投动作来增强和实现。这些练习只需要很少的设备并且能很容易地达到目的。

小结

在任何一项体育运动中，运动员只有发展了一定的力量基础后才能发展爆发力和和触地后的快速反应能力。就下肢而言，体重是运动员要克服的最大阻力。移动速度是当运动员触地时对反作用力快速反应的结果。在这个移动中有两种形式的力量参与其中。第一种是离心收缩，即在外力的作用下肌肉被拉长；第二种是向心收缩，此时肌肉由退让阶段转化为克制阶段。当运动员重复某种形式的运动后，各种速度都可得到发展。运动员学会对动作的预判及如何运动，就可真正提高"第一步"的速度，改变方向的能力或控球范围。

发展全身爆发力而提高击球速度的训练原则同样适用于增强躯干的力量。灵巧的肢体（肩带）进行增强式练习选用较轻的负荷为宜，而臀部及下肢则反之。网球运动员进行上肢的增强式练习是非常有效的，这主要是由该项目的特点所决定的。尽管同伴之间不能很好地配合，他们仍然能够真正击落地球。实心球的附加阻力像网球运动时击球时的负荷一样能给机体造成适宜的超负荷。研究表明，各种运动项目的运动员采用增强式练习法，都能提高爆发力和脚步的移动速度（Chu,1998）。这对于某些运动项目的成功所必需的运动技能的发展有明显的作用，当然这也有助于网球运动员的全面发展。

参考文献

1. 全国体育院校教材委员会审定 . 运动训练学 [M]. 北京：人民体育出版社 ,2000.

2. 邓树勋，体育与健康 [M]. 广州：中山大学出版社 ,2002.

3. 杨世勇，李遵，等 . 体能训练学 [M]. 成都：四川科学技术出版社 ,2002.

4. 国家体育总局 . 国民体质测定标准手册 [M]. 北京：人民体育出版社 ,2003.

5. 李鸿江 . 学校体能教程 [M]. 北京：北京体育大学出版社 ,2003.

6. 吴东明，王健 . 体能训练 [M]. 北京：高等教育出版社 ,2005.

7. 田麦久 . 运动训练学 [M]. 北京：高等教育出版社 ,2006.

8. 张英波 . 现代体能训练方法 [M]. 北京：北京体育大学出版社 ,2006.

9. 李鸿江 . 青少年体能锻炼 [M]. 北京：高等教育出版社 ,2007.

10. 徐玉明 . 体能评定与发展 [M]. 北京：人民体育出版社 ,2007.

11. 朱云波 . 大学体育 [M]. 北京：人民体育出版社 ,2008.

12. 邓浩，王东升，张伟 . 大学体育与健康教程 [M]. 郑州：中原出版传媒集团，中原农民出版社 ,2008.

13. 王清玉，刘一民. 大学体育教程 [M]. 青岛：中国海洋大学出版社，2008.

14. 周海雄，郑建岳，许强. 网球运动员体能与心理训练手册 [M]. 北京：人民体育出版社，2009.

15. 孙文新. 现代体能训练：弹力带训练方法 [M]. 北京：北京体育大学出版社，2010.

16. 刘晔，郑晓鸿. 体能训练基本理论与实用方法 [M]. 北京：北京体育大学出版社，2011.

17. 夏培玲，王正树. 大学生体能锻炼指南 [M]. 大连：大连理工出版社，2012.

18. 王卫星. 高水平运动员体能训练的新方法 [M]. 北京：北京体育大学出版社，2013.

19. 杨世勇. 体能训练 [M]. 北京：高等教育出版社，2013.

20. 徐向军. 青少年体能训练指导 [M]. 北京：北京体育大学出版社，2013.

21. 崔东霞. 核心力量体能训练法 [M]. 北京：化学工业出版社，2013.

22. 袁运平，王卫. 运动员体能结构与分类体系的研究 [J]. 首都体育学院学报，2003.

23. 王聚安，郭荣. 初级网球运动员体能训练方法与手段 [J]. 山西体育科技 .2013.

24. 韩春远，王卫星，成波锦，刘书芳. 核心力量训练的基本问题——核心区与核心稳定性 [J]. 天津体育学院学报，2012(02).

25. 杨婧，张伟. 浅谈网球赛间体能训练安排 [J]. 运动,2012(01).

26. 李静. 对竞技网球运动中体能训练的再认 [J]. 当代体育科技,2011(01).

27. 叶欣. 青少年网球运动员核心力量训练的实验研究 [J]. 佛山科学技术学院学报 (自然科学版),2011(03).

28. 李传兵，翁宏伟. 网球运动专项核心力量训练的 "花盆模型"[J]. 福建师大福清分校学报 ,2011(02).

29. 李春雷. 体能训练的误区与对策 [J]. 中国体育教练员 ,2010(03).

30. 吕中凡. 运动 "弱链接" 及其训练学应对路径分析 [J]. 南京体育学院学报 (社会科学版),2010(03).

31. 刘正国，丁洪军. 网球项目体能的训练特征研究 [J]. 吉林省教育学院学报 (学科版),2010(04).

32. 张志武，贾晓强，刘世军. 核心力量训练对提高网球球速的实证研究 [J]. 北京体育大学学报 ,2010(03).

33. 于鹏. 网球发球成功率影响因素分析及措施 [J]. 荆楚理工学院学报 ,2010(02).

34. 王卫星. 运动员体能训练新进展——核心力量训练 [J]. 中国体育教练员 ,2009(04).

35. 赵佳. 核心区力量及其训练研究进展 [J]. 天津体育学院学报 ,2009(03).

36. 于红妍，王虎，冯春辉，贾嘉. 核心力量训练与传统力量训练之间关系的理论思考——核心稳定性训练 [J]. 天津体育学院

学报 ,2008(06).

37. 杨成波 . 持拍隔网对抗类项目 (乒、羽、网) 训练学特征的比较分析 [J]. 中国体育科技 ,2008(06).

38. 刘爱杰 , 李少丹 . 竞技体育的核心训练 [J]. 中国体育教练员 ,2007(04).

39. 陈小平 , 黎涌明 . 核心稳定力量的训练 [J]. 体育科学 ,2007(09).

40. 王卫星 , 李海肖 . 竞技运动员的核心力量训练研究 [J]. 北京体育大学学报 ,2007(08).

41. 徐跃杰 , 徐黎光 . 网球发球技术的要素分析与应用 [J]. 体育成人教育学刊 ,2006(06).

42. 杨京洲 . 优秀网球运动员身高、体重和克托莱指数特征的研究 [J]. 体育成人教育学刊 ,2005(03).

43. 王保成 , 匡鲁彬 , 谭朕斌 . 篮球运动员体能训练的评价指标与指标体系的研究 [J]. 中国体育科技 ,2002(02).

44. 潘建武 , 李小蓉 , 张和莉 . 关节肌群向心收缩力量研究 [J]. 四川体育科学 ,1996(04).

45. Kolman Nikki S; Kramer Tamara; Elferink-Gemser Marije T; Huijgen Barbara C H; Visscher Chris. Technical and tactical skills related to performance levels in tennis: A systematic review.[J]. Journal of sports sciences,2019(1).

46. Gale-Watts Adam S; Nevill Alan M. From endurance to power athletes: The changing shape of successful male professional

tennis players.[J]. European journal of sport science,2016(8).

47. Reid Machar; Morgan Stuart; Whiteside David. Matchplay characteristics of Grand Slam tennis: implications for training and conditioning.[J]. Journal of sports sciences,2016(19).

48. Goran Munivrana. Relationship of Speed, Agility, Neuromus-cularPower, and Selected Anthropometrical Variablesand Performance Results of Male and FemaleJunior Tennis Players[J]. Collegium Antropologicum,2015.

49. Fernandez-Fernandez Jaime; Ulbricht Alexander; Ferrauti Alexander. Fitness testing of tennis players: how valuable is it?[J]. British journal of sports medicine,2014(Supp).

50. Strecker Estevam; Foster Ernest B; Pascoe David D. Test-retest reliability for hitting accuracy tennis test.[J]. Journal of strength and conditioning research,2011(12).

51. Salonikidis Konstantinos; Zafeiridis Andreas. The effects of plyometric, tennis-drills, and combined training on reaction, lateral and linear speed, power, and strength in novice tennis players.[J]. Journal of strength and conditioning research,2008(1).

52. Mark S. Kovacs. Tennis Physiology[J]. Sports Medicine, 2007(3).

53. Johnson C D; McHugh M P; Wood T; Kibler B. Performance demands of professional male tennis players.[J]. British journal of sports medicine,2006(8).

54. Knudson Duane V; Noffal Guillermo J; Bahamonde Rafael E;; Bauer Jeff A;; Blackwell John R. Stretching has no effect on tennis serve performance.[J]. Journal of strength and conditioning research,2004(3).

55. Giles Brandon;Reid Machar. Applying the brakes in tennis: How entry speed affects the movement and hitting kinematics of professional tennis players.[J]. Journal of sports sciences,2020(3).

56. Kramer Tamara;ValenteDosSantos;Visscher Chris; CoelhoESilva Manuel;Huijgen Barbara C H;ElferinkGemser Marije T. Longitudinal development of 5m sprint performance in young female tennis players.[J]. Journal of sports sciences,2020(3).

57. Ramos Ana; Coutinho Patrícia; Davids Keith; Mesquita Isabel. Developing Players' Tactical Knowledge Using Combined Constraints-Led and Step-Game Approaches-A Longitudinal Action-Research Study.[J]. Research quarterly for exercise and sport,2020.

58. Whiteside David; Cant Olivia; Connolly Molly; Reid Machar. Monitoring Hitting Load in Tennis Using Inertial Sensors and Machine Learning.[J]. International journal of sports physiology and performance,2017(9).

59. Sakurai Shinji; Reid Machar; Elliott. BruceBall spin in the tennis serve: spin rate and axis of rotation.[J]. Sports biomechanics,2013(1).

60. Jeffrey m. willardson. Core stability training: applications to

sports conditioning programs[J]. Journal of Strength and Conditioning Research,2007(3).

61. Wendell p. liemohn; Ted a. baumgartner; Laura h. gagnon. Measuring core stability[J]. Journal of Strength and Conditioning Research,2005(3)

62. C. de Ruiter; R. van der Linden; M. van der Zijden; A. Hollander; A. de Haan. Short-term effects of whole-body vibration on maximal voluntary isometric knee extensor force and rate of force rise[J]. European Journal of Applied Physiology,2003(4-5).

63. Peter O'Donoghue;Billy Ingram. A notational analysis of elite tennis strategy[J]. Journal of Sports Sciences,2001(2).